KB210865

함께 꿈꾸고
함께 행복하기

함께 꿈꾸고
함께 행복하기

· 박흥재 지음 ·

"제1의 꿈과 제2의 꿈의 만남"

좋은땅

시네마서비스 대표 박영목 변호사

나는 2024년 여름 끝사락의 어느 닐 저자가 개척하신 제주 서귀포시 예래동 제주예수원형교회를 찾아가 본 적이 있다.

이른 아침 함께 새벽기도 예배를 드리고 저자 부부와 인사를 나누고 차 한 잔 얻어 마시고 나온 교회 밖 마을 풍광은 볕이 잘 들고 포근한 것이 저자 부부와 비슷하다는 생각을 했다.

저자와 첫 만남은 나도 저자도 고시준비를 하던 1993년경 서울 신림동 어느 고시원에서였다.

이후 예수님의 사랑 안에서 30년 넘게 함께 웃고 함께 울며 신앙의 동역자이자 인생의 귀한 친구로 지내 왔다.

저자의 "아직도 나의 꿈을 이룰 수 있을까?"라는 책 초고를 보며 지난 30년 동안 제가 알던 저자에 대한 단상들을 넘어 저자의 싱그러웠던 어린 시절, 최고의 보험설계사와 유력 보험사 지점장 시절,

사업가로서 사업의 부침을 겪으며 상처(喪妻)의 아픔을 세 자녀와 극복해 내던 이야기들, 산상수훈교회의 개척, 새로운 희망을 가지게 된 아내와의 만남과 재혼, 밀알복지재단 경기지부장,

장애인 담당 목회자로 섬기던 시절을 지나 지금의 제주예수원형교회에서의 장애인 섬김 사역에 이르기까지 쉽게 공개하지 못하는 이야기들을 솔직하고 담담하게 들려주고 이에 그치지 않고 이러한 경험들을 하나님 사랑과 이웃 사랑으로 풀어내는 저자의 용기와 사랑에 놀라움과 감사함을 느꼈다.

저자는 이 책에서 "제1의 꿈"을 꾸라고 권면하며 "제1의 꿈"을 "자신이 유한한 존재임을 인정하고 모든 상황에 감사하며 한 생명 한 생명이 얼마나 소중한 존재인지를 인정하고 자신과 이웃의 이익을 항상 함께 추구하는 삶을 꿈꾸는 것"이라 표현한다.

그리고 "제1의 꿈"을 우선시하고 귀중히 여기는 사람은 "제2의 꿈", 예컨대 판사, 사업가, 예술인 등 현실에서 구체적으로 살아가는 꿈도 이루어 갈 수 있다고 용기를 준다.

"제1의 꿈"을 이루기 위한 구체적인 방법들. 예컨대 창조주를 인격적으로 만나기, 좋은 사람과 사귀며 좋은 노래 부르기, 모든 상처를 적극적으로 치유하기, 최선을 다하되 서두르지 말고 기다리기, 긍정적 생각을 가지고 끝까지 진실하고 정직하기, 한 생명 한 생명의 존엄성을 마음 깊이 새기기.

상대방을 축복하고 상대방의 말을 끝까지 경청하기, 자신의 잘못을 솔직하게 빠르게 인정하기, 힘든 이웃과 가난한 사람을 꼭 도와주기 등에 대해 자신의 경험을 토대로 친절하게 이야기해 준다.

한편 "제1의 꿈"을 이루기 위해 해서는 안 되는 것들을 말할 때는, 돈에 끌려가지 말라, 순간의 기분의 노예가 되지 말라, 내일 일을 미리 당겨 걱정하지 말라, 부정적인 생각과 부정적 말을 하지 말라, 불의와 타협하지 말라, 사람들을 쉽게 판단하거나 비판하지 말라며 단호하게 말한다.

함께 꿈꾸고 함께 행복하기

이 책에는 저자의 60년 동안 하나님과 동행하며 깨달은 하나님에 대한 증언들로 가득 차 있다.

이 책은 "그런즉 먼저 그의 나라와 그의 의를 구하라 그리하면 이 모든 것을 너희에게 더하시리라."라는 예수님 말씀(마태복음 6장 33절)을 기억나게 한다.

저자 부부의 제주예수원형교회와 장애인들을 위한 섬김 사역과 이후 예비 된 모든 일들에 하나님의 은혜와 축복이 가득하길 기도하며 응원한다.

2025년 2월 3일

박영목(분당 1516교회 출석, 변호사,

시네마서비스 영화사 대표)

한서중앙병원장 정신과 의사 지구덕

　새로운 지식과 정보들이 넘치는 시대이다. 심장의 구조와 기능을 글로 배우다가 3D 영상으로 움직이는 심장을 각도에 따라서 볼 수 있었을 때는 가히 충격적이었다. 정보도 많고, 그것을 전달하는 방식도 너무나 새롭고 혁신적이다. 그럼에도 불구하고, 이 시대를 우리는 어른이 없는 시대라고 한다. 존경할 수 있고, 믿고 따를 수 있고, 그가 말하는 대로 삶을 살아가는 사람, 그런 사람을 어른이라고 한다면, 당신 주위에는 그런 어른이 있는가?

　인생을 살아가는 데, 돈도 필요하고, 성공도 중요하지만, 무엇이 더 중요하고, 무엇을 추구하고, 어떻게 살아가야 하는가, 삶의 지혜를 가르쳐 줄 수 있는 어른 말이다. 이 책을 통해서 우리는 마음 한구석 구석 진 방에 밀어 두었던, 오랜 꿈을 다시 꺼내 보게 될 것이다.

그리고 꿈을 이룰 수 있는 열정의 심장이 다시 힘 있게 뛰게 될 것이라 생각한다. 누군가의 삶을 돕고 싶은 열망에 불이 붙게 될 것이라 확신한다. 왜냐하면, 이 책의 저자는 그렇게 삶을 살고 있기 때문이다. 간디 선생님이 "my life is my message?"라고 이야기하셨다는데, 저자는 내가 아는 그런 분이시다. 자신이 아는 대로 자신이 깨달은 대로 그렇게 사는 사람이다.

특수 아이들을 위한 경기도 교육청 행동중재지원센터 센터장의 일을 하며, 어려움에 빠져 있는 특수 교육 대상자 청소년과 그 가정을 돕기 위해서 열심히 노력해 보았지만, 한계를 느낄 때가 많았다. 그때 밀알복지재단과 협약식을 진행하게 되었는데, 협약식을 진행하는 날, 저자를 처음 만나게 되었다.

첫 만남이었는데, 장애 아이들을 어떻게 도울 것인가 이야기하다가, 꿈과 비전의 이야기로 주제가 확장되어서, 예정된 시간보다 몇 시간이 길어지게 되었다. 그리고 헤어질 때는 다시 만나 못다 한 이야기를 하자고 했었다. 그리고 오늘까지 그 만남과 이야기가 이어지고 있다.

제주도에 펼쳐진 저자의 삶이 기대가 된다. 그곳에서 그를 통해 일하실 하나님의 꿈을 상상하니, 가슴이 설렌다. 한 사람을 향한 사랑의 마음, 끊어지지 않는 지속적인 열정, 그를 통해 그 속에서 역사하시는 예수 그리스도를 본다.

추천사를 쓰고 있는 깊은 밤 시간이지만, 당장이라도 제주도로 달려가서, 밤이 새도록 이야기 나누고 싶다. 그 사람이 보고 싶다. 우리 안에 함께하시는 예수 그리스도를 이야기하고 싶은 마음이다.

2025년 2월 9일
정신과 의사 지구덕

함께 꿈꾸고 함께 행복하기

법무법인 DLG 대표 조원희 변호사

인생을 살아가면서 점점 더 중요하게 생각되는 것이 "꿈"이다. 꿈이 손에 잡히는 것도 아니고 때로는 공허해 보이기도 한다. 꿈을 쫓다 보면 미련하다는 얘기를 듣기도 하고 고집스럽다는 비난을 받기도 한다. 그렇기에 꿈을 꾸고 그 꿈을 따라 살아간다는 것은 쉬운 일은 아니다.

그런데 무언가를 이룬 사람들의 공통점을 찾는다면 "꿈"을 꾸었던 사람이라는 것이다. 꿈이 있기에 과정의 아픔을 겪어 낼 수 있었고, 지난한 인내의 고통을 감내할 수 있었다. 그리고 그 꿈은 드디어 잎을 틔우고 꽃을 피우게 된다. 꿈꾸지 않았다면 볼 수 없었고 경험할 수 없었던 것들이다.

저자를 알게 된 것은 벌써 30년 전이다. 어려운 고시생 시절을 지나, 잘나가는 사업가에서, 소외된 이들을 섬기는 목회자까지 순탄치 않은 과정이었다. 그런데 그 긴 과정에서 하나 공통된 점을 찾는다면 어떤 상황에서 "꿈"을 놓지 않았다는 것이다. 예수님을 닮아가는 삶, 초대 교회의 원형적 모습 그대의 교회, 무리가 아닌 한 사람 한 사람에 집중하는 목회. 저자가 지난 30년 꿈꾸며 이루고 싶어 했던 일들이다.

이 책은 그런 저자의 30년 여정의 결정판이다. 꿈을 찾아가는 과정부터 하나씩 설명해 준다. 수많은 꿈이 있을 수 있지만 어떤 꿈을 꾸어야 하는지, 어떤 것이 꿈이고 어떤 것이 허망한 욕망인지를 다루고 있다. 그리고 꿈을 이루는 삶의 원칙을 정리한다. 인생론이라 불러도 되고, 인간관계론이라고 불러도 될 법한 저자의 깊이 있는 지혜가 녹아 있다.

저자가 살고 싶어 했고 또 그렇게 살아왔던 삶의 원칙들이다. 저자는 꿈꾸는 자이다. 어느 한순간도 꿈꾸지 않은 적이 없었다. 그리고 그 꿈을 위해서 늘 고민했고 도전했다. 지금은 제주에서 그분의 꿈을 위해 분투하고 있다. 그래서 저자는 행복하다.

제주 바다와 어울리는 저자의 웃음과 행복은 주 안에서 꿈꾸는 자의 특권이 아닐까. 꿈을 찾아 떠나고 싶은 모든 분들에게 이 책을 자신 있게 추천한다. 함께 꿈꾸고 함께 행복하자고….

2025년 2월 12일

변호사 조원희

복음과 도시 사무총장 박태양 목사

저자는 돈에 대해 할 말이 아주 많다. 어떤 사람들은 돈을 많이 가져 보지 못한 채 돈 얘기를 하지만, 저자는 돈을 많이 벌고 누려 본 경험을 갖고 돈 얘기를 한다. 그렇다고 저자가 금수저 출신이거나 로또를 맞은 것도 아니다. 평범한 직장에서 평범한 일을 했지만 남들보다 일을 더 잘하고 더 인정받아서 그만한 보상을 받은 것이었다. 하지만 그는 점점 더 돈이 우선된 삶으로 치우쳐 갔고, 하나님은 그 모습을 그대로 놔두지 않으셨다. 하나님이 저자를 얼마나 사랑하셨던지 그가 재정적으로 무너지는 과정에는 아주 깊이 하나님의 손길이 묻어난다. 물론 그 하나님의 손은 그와 그의 가정이 치유되고 회복되는 여정도 책임지셨고, 그 결과 그는 예수님을 원형(prototype) 그대로 따라 살겠다는 결단을 하게끔 만드셨다.

함께 꿈꾸고 함께 행복하기

급진적으로 복음적인 일상을 살아가기로 작정한 후 그는 직업, 직무, 일터, 목회, 가정, 봉사, 전도의 각 영역에서 정말 예수님 '처럼' 매일 살아내고 있다. 이것을 저자는 제1의 꿈이라 말한다. 돈 혹은 세상에서의 다양한 성취와 성공을 최우선 꿈으로 삼는 사람들 특히 젊은이들에게 그는 그런 제2의 꿈 이전에 먼저 제1의 꿈을 품어야 한다고 말한다. 자기자신이 꿈의 순서를 잘못 정해 크나큰 아픔과 고통을 당해봤기에 저자의 호소는 꽤 진솔하고 설득적이다.

심신의 다양한 핸디캡을 가진 사람들과 낮은 자리에서 갈급함으로 하루를 사는 사람들이 제주도의 한 구석에 있는 제주예수원형교회를 찾아온다. 사람이 주인이 아니라 예수님만 참 주인이신 예수-삶-공동체로서의 교회를 그는 소망한다. 그의 삶과 사역을 가까이서 혹은 멀리서라도 지켜보는 사람들은 언제나 한결같은 그의 모습에 마음 깊이 감동을 받는다. 그 감동을 이번 저서를 통해 더 많은 이들과 함께 나누기를 기대해 본다.

복음과도시 사무총장/공동체성경읽기 교회연합회

대표 박태양 목사

㈜모라비안앤코 대표BRO 김영수

'원형교회'~~

어느 날 저자의 입을 통해 내게 들려왔던 단어였다. 항상 본질에 관심이 많았던 내게 깊은 울림을 주었던 말이다.

사람, 사업, 지역 등 모든 창조물이 하나님께서 만드신 자기다움, 본질(Original Design)을 상실해가는 인류 역사의 흐름, 더더욱 창조물의 본질을 회복하고자 하시는 하나님의 안타까움과 열정이 뜨겁게 느껴지는 21세기, 어두운 세상의 빛이라 하시며 빛을 발하라고 명하신 교회가 그 본질, 빛의 본질을 잃어가고 어두움에 물들어가는 안타까운 현실에 원형교회의 의미는 더욱 깊게 다가온다.

저자가 역설하는 '제1의 꿈'은 그의 사명으로 여기는 원형교회와 맞닿아 있다. 책에도 묘사되어 있듯이 파란만장한 그의 인생

함께 꿈꾸고 함께 행복하기

을 통해서 저자가 발견한 것이 '제1의 꿈'의 중요성이고 그 꿈은 본인의 '제 2의 꿈'인 교회의 원형을 찾는 일의 힘과 능력이 되었고 제주예수원형교회를 세워 가는 것으로 발현되었다.

꿈쟁이 소년에서 꿈꾸는 사업가로, 꿈꾸는 사역자로 그의 인생을 관통하는 것은 '꿈'이며 그 꿈은 저자 개인의 육체적 소욕에 따른 꿈에서 성령에 따른 하나님의 꿈으로 변화되어 왔다. 그렇게 꿈꾸며 살아왔던 저자의 인생의 깨달음과 실천적인 교훈을 책에 고스란히 담아내고 있다.

이 책을 한 장 한 장 읽어 가며 저자가 그려가는 삶의 여정을 함께 경험해 가기를 소망한다. 저자와 함께 고민하고 기뻐하며 행간을 읽어 내려갈 때 하나님께서 조명하여 주시는 '제1의 꿈'과 '제2의 꿈'을 발견하는 기쁨을 맛보기를 기도한다.

㈜모라비안엔코 김영수 대표BRO

들어가는 말

글쓴이는 꿈쟁이 소년이었다. 원래 꿈은 대통령이었다. 정말 대통령이 되어서 나라를 멋지게 다스리고 싶었다. 하루는 실제로 꿈속에서 꿈을 이루었다. 2016년 4월 5일 잠을 자다가 꿈을 꾸었다. 아침에 일어나니 꿈이 생각난 것이다. 글쓴이는 대통령 선거에 출마해서 부통령과 함께 당선되었다. 대통령, 부통령제 선거여서 2인 1조가 되어 출마했는데 여자 부통령과 함께하여 마지막 2팀으로서 결선 투표를 하게 되었다. 그래서 글쓴이의 팀이 대통령에 당선되어 당시 대통령으로부터 축하를 받았고 세계적으로 유명한 소프라노 성악가 조○○의 축하 공연도 있었다. 꿈에서 대통령에 당선된 것이다. 꿈속에서 꿈을 이룬 것이다. 대통령에 당선되는 꿈을 꾸었다니 주변에서는 로또 복권을 구입했냐고 묻기도 하였다. 꿈이 있는 사람은 내일을 행복하게

함께 꿈꾸고 함께 행복하기

살 수 있다. 사람에게 꿈과 희망이 사라질 때 삶은 의욕이 떨어지고 우울감으로 살아가게 된다. 비록 상황이 어둡고, 절망적일 때도 그 어두운 상황 가운데 희망을 찾아내는 것이 중요하다.

글쓴이의 꿈 중에 또 하나는 최고의 동기 부여 전문가 되어 클린턴 대통령, 존 맥스웰처럼 한 시간 강사료를 몇천만 원 이상 받는 유명한 사람이 되고 싶었다. 시간당 강사료를 몇천만 원 이상 받는 꿈은 이루지 못했지만 탁월한 보험 세일즈맨으로 수억 연봉을 받기도 했고, 외국계 금융회사의 지점장, 부동산 마케팅 회사의 CEO로 작은 꿈을 이루기도 했다.

글쓴이는 인생을 실패했다고 여길 만한 수많은 고난과 역경속에서 진정한 꿈이 무엇인지 알게 되고 새로운 꿈을 꾸게 되고지금도 그 꿈을 이루어가고 있다. 글쓴이는 꿈에는 제1의 꿈과 제2의 꿈이 있다고 하였다. 제1의 꿈은 모든 상황에서 감사한 마음을 가지고 나의 이익만 추구하지 않고 항상 이웃에게 도움을 주려는 삶의 상태의 꿈을 말한다. 왜 빌 게이츠나 유명한 사람들이 마지막 사업으로 자선 사업을 할까? 인간에게 가장 큰 행복과기쁨은 이웃을 도우며 사는 것이다. 나의 도움으로 이웃이 새로운 꿈과 소망을 갖게 된다면 이 세상에서 그것보다 더 큰 행복감이 없을 것이다.

　제2의 꿈은 대부분 사람들이 이루고 싶은 삶의 꿈이다. 좋은 집, 좋은 차를 가지는 것, 또 의사, 변호사. 사업가, 개혁가, 정부 관료, 국회의원, 대통령이 되는 것을 말한다. 수많은 사람이 꿈을 이루기 위해서 열심히 살아간다. 특별히 많은 사람이 돈으로부터 자유롭고 시간으로부터 자유로운 삶을 살고 싶어서 열심히 산다. 그러나 돈과 시간으로부터 완전한 자유로움을 누리는 사람은 소수이다. 제2의 꿈을 이루지 못하고 살아가는 사람들도 많이 있다. 글쓴이는 제2의 꿈을 이루지 못한 사람들에게 새로운 꿈을 꾸라고 말하고 싶다. 제1의 꿈을 꾸며, 제1의 꿈을 이루어가기 시작하면 다시 제2의 꿈도 꿀 수 있는 힘과 능력을 갖게 될 가능성이 매우 크다.

　누구든지 제1의 꿈을 꿀 수 있고, 꿈을 이룰 수 있다. 가난한 사람이나, 학벌이 낮은 사람이나, 노동으로 살아가는 사람이나 누구든지 제1의 꿈을 꿀 수 있고 꿈을 이룰 수 있다. 사람은 중증 환자로 병원에 누워 있으면서도 제1의 꿈을 꿀 수 있고 꿈을 이룰 수 있다. 호흡이 붙어 있고 심지어 식물인간으로 누워 있는 사람도 이웃에게 도움을 줄 수 있으며 제1의 꿈을 이루고 있는

함께 꿈꾸고 함께 행복하기

경우도 많이 있다.

절망과 좌절, 낙심 가운데 있는 사람들이 제1의 꿈이 있다는 것을 알면 그들도 새로운 꿈을 꾸며 희망을 가지고 살아갈 수 있을 것이다. 꿈을 잃어버린 모든 사람들이 다시 꿈을 꾸며 희망을 가지고 살아가기를 간절히 기도한다. 제1의 꿈이 있다는 것을 알고 제1의 꿈을 꾸기 시작하며 의지를 가지고 한 걸음 한 걸음 걷다 보면 어느새 제1의 꿈이 이루어지고 제2의 꿈도 이룰 수 있는 힘이 생긴다. 특별히 제1의 꿈의 특징 중 하나는 이미 일어난 상황에 대하여 불평하지 않고 모든 상황에서 감사할 조건들을 찾아낸다는 것이다.

제2의 꿈은 이룰 수도 있고 못 이룰 수도 있지만 이미 제1의 꿈을 이룬 사람은 제2의 꿈이 이루어지지 않았다고 실망하지 않는다. 제2의 꿈은 제1의 꿈을 강화시키는 통로가 된다. 그리고 제2의 꿈, 내가 원하는 성과가 나오지 않아도 제1의 꿈을 이룬 마음으로 제2의 꿈을 시도하고 있다면 그 자체가 의미 있는 일이다. 지금도 전 세계에는 많은 사람이 자살로 안타깝게 삶을 마감하고 있다. 왜 사람이 자살을 할까? 물론 우울증 등 마음과 정신에 병이 들어서 갑자기 자살하는 사람도 있지만 많은 경우는 꿈과 희망을 잃어버려서 그렇다. 제2의 꿈만이 꿈의 전부라고 생각해서 그렇다. 우리는 자살을 하려는 이들에게 또 다른 제1의 꿈이 있다고 알려 주어야 하는 사명을 가진다. 사람은 살아 있다는 것, 생명이 있다는 것 자체가 감사한 상황이다.

절망적 상황, 희망이 전혀 안 보이는 캄캄한 상황에서도 내가 살아 있는 것 자체가 이웃에게 도움이 된다는 사실을 알게 되면 극한 상황에서도 자살을 생각하지 않게 될 것이다. 얼마 전에 40대 가장이 아내와 자녀 2명과 함께 동반 자살을 하였다는 기사를 보게 되었다. 살아가는 것이 얼마나 힘들면 자살을 하였을까? 그 힘든 상황을 생각하면 너무 너무 마음이 아프다. 만약 그 40대 가장 주변에 한 사람이라도 소통되는 사람이 있어서 그에게 희망을 주면서 "살아 있는 것 자체가 이웃에게 도움이 되니 감사한 마음을 가지고 새롭게 희망을 찾아보자."라며 도울 수 있었다면 얼마나 좋았을까? 자살한 사람 대부분은 세상에서 나를 이해해 줄 사람은 아무도 없어, 세상에 나 혼자라고 생각할 때 자살을 시도한 경우가 많다. 우리가 서로 제1의 꿈을 꿀 수 있도록 도울 수 있다면 새로운 희망을 가지고 우리는 행복하게 살아갈 수 있을 것이다.

함께 꿈꾸고 함께 행복하기

일상생활이 힘든 아들들 때문에 아들과 함께 죽어 버리고 싶다고 늘 말하고 다니는 아버지를 만나게 되었다. 그 아버지가 아들과 함께 자살을 시도하고 싶은 이유는 20대 중반의 아들 둘을 혼자 키우는데 둘 다 정신병원을 왔다 갔다 해야 하는 상황이었다. 자신은 일도 해야 하는데 도저히 감당할 수가 없었다. 그런데 우리의 도움으로 사명감 있고 신실한 정신과 선생님을 만나게 되면서부터 점점 치유가 되어 큰아들은 정신병원에서 퇴원하여 일상생활로 점점 돌아오고 있고 둘째 아들도 서서히 치료되기 시작하니 새로운 희망이 생겼다.

아무 희망이 없어 자살을 시도하려고 했던 그 가족에게 제1의 꿈을 이룬 사람들이 옆에 있었기 때문에 그들은 새로운 희망의 길을 찾을 수 있었다. 이렇게 제1의 꿈을 이룬 사람들이 한 사람 한 사람이 생기게 되면 제2의 꿈을 이루지 못해 절망 가운데 있는 사람들에게 희망을 줄 수 있다. 아무리 힘든 상황에 있어도 서로 도우며 길을 찾으면 반드시 새로운 희망을 찾게 된다. 이 작은 책을 통하여 많은 사람들이 다시 꿈을 꾸며 신이 창조한 창조원형으로 회복되어 행복하게 살아가기를 간절히 기도한다.

제3장 꿈이란 무엇인가?

제4장 제1의 꿈을 이루는 실제 방법

제5장 꿈을 위해서 하지 말아야 할 여섯 가지

제6장 인간관계에서 제1의 꿈을 이루는 삶

제7장 제주에서 계속 진행 중인 홍자의 꿈

제1장

꿈을 찾아 떠나는
홍자의 여행 시작

1.
흥자의 서울행과 고민 시작

　전남 장흥 관산 남송리 산골 농촌에서 자란 소년 흥자는 가난한 농부의 아들로 태어났다. 흥자는 하얀 손수건을 감싸 놓은 듯 부드럽고 향기로운 목련꽃을 참 좋아했다. 졸졸졸 흐르는 시냇물 소리와 짹짹거리는 참새의 노래도 좋았지만 소년은 엄마를 그리워하는 듯 음매, 음매거리는 송아지의 울음소리에는 더 정이 갔다. 흥자는 논에 가서 벼를 심고 새벽에 일어나 논에 물을 대고 소를 키우며 소와 함께 시냇가에 가서 목욕도 함께하며 즐거운 유년기 시간을 보냈다.

　어느 날 학교를 다녀와서 집에서 사용할 땔감을 하려고 동네 뒷산으로 갔다.

　땔감을 열심히 모아서 뒷짐을 지고 마을로 열심히 내려오는데 그만 만나지 말아야 할 사람을 만나고 말았다. 그 동네 부잣집

산 주인 아들을 만난 것이다. 그래서 열심히 수고한 땔감을 모두 산 주인 아들에게 바쳐야 했다. 오후 내내 수고한 모든 땔감을 산 주인 아들에게 바친 홍자는 너무 실망하게 되었으며 갑자기 걱정이 많아졌다. 오늘 밤 우리 집은 추워서 어떻게 자지? 하지만 할 수 없었다. 홍자는 매우 당황하며 이렇게 생각하였다. "그렇지. 우리 산이 아니지. 다른 사람 산에서 내가 땔감을 구했구나. 우리 집은 산이 없지." 하며 마음을 달랠 수밖에 없었다. 그날 남송네는 나무가 없어 불을 피우지 못하고 추운 밤을 보낼 수밖에 없었다. 홍자에게 그 밤은 유난히 더욱 추운 밤이 되었다.

홍자는 어린 나이임에도 늘 깊게 생각하는 아이였다. 지금 자신에게 처한 상황 때문에 괴로워하고 염려하기 보다는 그 상황이 '무언가 의미가 있을 거야.' 생각하면서 항상 긍정적으로 생활하는 청소년이었다. 그리고 홍자는 자기가 왜 한국에서 태어났는가? 왜 지금 이 시골에 살고 있는가? 왜 지금의 아버지, 어머니에게서 태어났을까? 생각하며 이 모든 것을 자신 스스로 선택할 수 없다는 것을 알아가며 스스로 선택할 수 있는 것과 스스로 선택할 수 없는 것이 있다는 것을 알아가기 시작하였다.

홍자는 중학교 2학년 겨울 방학을 앞둔 어느 날 학교에서 수업을 마치고 집에 왔는데 아버지께서 말씀하시기를 "너희들의 교육을 위해서 서울로 이사를 가야겠다." 하셨다.

너무 슬펐다. 정든 시골 친구들을 두고 서울로 간다는 것이 매우 싫었다.

그럼 나는 왜 서울에서 태어나지 않고 시골에서 태어났지? 왜 교육하려면 서울로 가야지? 시골에서는 안 되나? 궁금해 하며 아버지께 여쭈었다.

아버지는 말씀하시길 "아버지도 잘 모른다. 그런데 성공하는 사람은 모두 서울로 가더라. 옆집 영식이 삼촌도 서울로 가서 공부해서 판사가 되었단다. 너희도 서울로 가서 성공한 사람이 되어야지." 이 또한 어린 홍자가 결정 할 수 있는 것이 아니었다. 아버지의 선택에 의해 따라갈 수밖에 없었다. 아직 홍자가 선택할 수 있는 것은 많지 않았다. 하지만 홍자는 원래 새로운 경험을 좋아하고 새로운 도전을 좋아했기 때문에 두려움이 조금 있었지만 설레는 마음으로 서울로 전학을 가게 되었다.

홍자의 고민 시작

서울의 강남으로 전학 와서 첫 영어 수업을 하는데 수업을 전혀 알아들을 수가 없었다. 같은 대한민국 같은 중학교 3학년 수

업인데 도시와 시골의 학업 수준 차이가 엄청났다. 도시와 시골의 학업 수준 차이를 처음으로 느끼며 왜 사람들이 더 나은 성공을 위하여 시골을 떠나서 도시로 모이는지 궁금증이 풀리기 시작하였다. 왜 지구촌의 사람들이 도시로, 도시로 모이는지 더 궁금해서 홍자는 도시와 농촌의 차이에 대해서 알아보기로 하고 백과사전을 찾아보았다.

도시란 "인구가 많이 밀집해 있고, 사회적, 경제적, 정치적 활동의 중심이 되는 장소" 그래서 사람들의 욕구를 충족시킬 수 있고 꿈을 이룰 수 있는 기회들을 제공하기 때문에 나라가 발달하면 할수록 사람들이 도시로, 도시로 모여든다.

그런데 이렇게 사람들이 많이 모여들다 보니 많은 도시문제를 일으킨다. 도시문제는 구체으로 인구집중에서 야기되는 실업·빈곤·전염·질병 등을 비롯하여 주택난·교통난·급수난·청소문제와 같은 예로, 각종 공해·재해·사고 등의 발생, 공공시설 부족에 의한 생활환경의 악화, 나아가서 도시 특유의 범죄·마약중독·정신병과 같은 병리현상 등이다.

홍자는 점점 성장하여 대학에 들어가게 되었다. 홍자는 대학에 들어가면 뭔가 새로운 세계를 만날 수 있을까 기대했는데 대학에서 가르치는 내용이 홍자의 세상에 대한 깊은 생각과 마음을 해결해 주지는 못했다. 홍자는 늘 이러한 생각을 하였다. "어떻게 하면 시골 사람이나 도시 사람이나 모든 나라와 민족 사람들이 행복한 삶을 살 수 있을까?" 하는 생각을 하며 살아가는 홍자에게 대학은 재미가 없었다. 분명히 고등학교 때 대학은 상아탑이며 이상을 실현하는 새로운 내용을 배울 수 있는 곳이라 이야기 들었는데 일부분은 충족되었지만 궁극적인 해답을 찾지 못했다. 그리고 주변 동료들 선 후배들은 대부분 대학 졸업 후 본인의 진로를 위한 공부에 정신이 없었다. 어떻게 하면 더 행복한 세상을 만드는데 기여할 수 있을까? 늘 고민하는 홍자에게 대학 선배 동료 후배들은 큰 도움을 줄 수가 없었다. 결국 홍자는 깊은 독서를 통하여 방향을 잡아갔고 스승들을 한 사람 한 사람 만나기 시작하며 새로운 희망이 생기기 시작하였다.

하지만 홍자는 늘 외로웠다. 자신의 고민 "사람이 무엇이며? 어떻게 사는 것이 행복하며? 모든 사람들이 행복하게 사는 방법은 무엇이며? 왜 사람들이 미래에 대한 희망을 잃고 현실에 매여 살까? 왜 사회는 이렇게 경쟁이 치열하며? 다른 사람을 생각하는 마음의 여유가 왜 없을까? 사람들은 왜 돈, 돈, 돈 할까? 혹시 내

함께 꿈꾸고 함께 행복하기

가 너무 이상주의 아닌가?"

자본주의와 민주주의는 사람을 더욱 사람답게 행복하게 해야 하는 구조가 되어야 하는데 왜 사람들은 점점 살아가는 것이 힘들다고 할까? 인간 존중 문화 보다는 경제 중심, 자본 중심 문화가 사람들의 영혼육을 힘들게 하는 것을 알게 된 홍자는 더욱 깊은 고민에 빠졌다. 어떻게 하면 사람들이 현실을 직시하지만 현실을 다스리며 능력 있고 힘 있게 희망과 꿈을 가지고 기쁘고 행복하게 살 수 있을까? 생각하고 생각하게 되는 날이 많았다.

홍자는 이러한 고민을 혹시 누군가와 나눌 수 있을까 해서 자신의 대학 클럽 선배에게 자신의 고민을 나누었다. 홍자의 고민을 들은 클럽 선배인 미래는 홍자에게 이렇게 말한다.

"홍자야, 현실을 알아야 한다. 대학 1학년 때부터 열심히 미래를 준비 안 하면 먹고살 수 없어. 돈을 벌어야 해. 홍자야, 돈이 있어야 좋은 일도 할 수 있고 장가도 가고 꿈도 이룰 수 있어."

"절대로 다른 사람이 네 인생 대신 살아 줄 수 없어, 열심히 치열하게 살아야 해. 그래야 살 수 있어. 사실 나도 사는 게 힘들어 그런데 이렇게 열심히 살지 않으면 사회에서 도태되어 살 수가 없어, 그래서 친구도 열심히 사귀며 대인관계도 넓히고, 공부도 열심히 하고 그러는 거야." 미래 선배의 뜨거운 설교에 이해는 갔지만 마음 한구석에 뭔가 이것은 아닌데 하는 생각이 들으며 혼자 독백했다. "왜 창조주는 사람들이 이렇게 세상을 힘들게 살게 만들었을까?"

함께 꿈꾸고 함께 행복하기

2.
더 깊은 고민과
지혜 스승의 만남

홍자는 더 깊은 고민에 빠졌다. 나의 꿈은 무엇인가? 돈을 벌어야 한다. 그러면 취직을 해야 한다. 홍자는 어릴 때부터 부모님과 함께 교회를 다녔다. 교회에서 목사님의 설교는 "여러분 내일을 염려하지 마세요! 하나님이 여러분의 인생을 모두 책임져주십니다." 이러한 내용이었다. 이러한 설교를 여러 번 들었는데 홍자가 보기에는 여전히 그 설교를 하신 목사님도 자녀 외국 유학비 때문에 힘들어하고, 은퇴 시점에 있는 나이 많은 목사님들은 노후 자금 확보에 정신이 없는 것을 보게 되었다.

또 홍자의 부모님도 늘 돈으로 고민하였고 교회의 장로님, 권사님, 집사님, 선배들 모두 돈이 있으면 되는데 하는 마음인 것 같았다. 홍자는 생각했다. "그렇구나. 돈이 중요하기는 중요 하구나. 돈을 무시하면 안 되겠구나." 생각을 하였다.

홍자도 앞으로 자신의 미래를 생각하니 갑자기 걱정이 몰려왔다. 집에 돈이 많은 것도 아니고 부모님의 재정 수입이 많은 것도 아니었다. 그래서 홍자는 경제에 대해서 좀 더 공부하기로 했다. 돈은 무엇이고, 돈은 어떻게 벌어야 하고, 돈은 어떻게 사용해야 하는가? 홍자는 돈에 대해서 공부하기로 마음을 먹고 어떻게 배울까 고민하던 중 스승을 찾아 나섰다.

그런데 어느 날 홍자는 아는 선배에게 다음의 소식을 듣고 돈에 노예가 된 세상이 너무 안타까웠다. "교회 교인수가 200명이고 현재 장로가 2명 있는데 추가로 장로를 15명 더 세우고 1인당 1,000만 원씩 받고 또 권사를 20명 세우는 데 1인당 200만 원씩 받았다."는 소리를 듣게 된 홍자는 너무 충격을 받았다. 중세 시대에 성직을 돈을 주고 팔았던 그 악한 행동이 지금 현대에서도 일어나고 있었다. 교회에서 이웃을 섬겨야 할 직분인 장로직 권사직이 명예직이 되어 돈을 주고 파는 비참한 일이 되어 버렸다.

아이들을 가르치는 교사가 되기 위해 돈을 주고 교사가 되는 행위, 젊은이들을 가르치는 교수가 되기 위해 돈을 제공하는 행

함께 꿈꾸고 함께 행복하기

위, 국회의원이 되기 위해 뒷돈을 지급하는 행위 모두 돈에 노예가 된 행동들이었다. 이런 홍자에게 또 다른 소식이 들려왔다. 홍자가 믿었던 큰 교회 목사님들이 대부분 돈에 매여서 인생의 마무리에 실패하는 소식을 계속 듣게 되었다. 돈의 힘이 얼마나 큰지 더욱 알게 되었다. 홍자에게 가장 슬픈 소식은 홍자가 성장했던 서울 강남의 S교회에서 돈을 횡령하는 사건들이 있었다는 것이다. 그래서 홍자는 왜 교회들이 이렇게 문제를 일으키고 사람들에게 손가락질을 당할까 생각하게 되었다.

홍자가 성경을 통해서 교회가 어떤 곳인지 연구해 보니 교회는 사람의 힘으로 무언가를 하는 것이 아니고 오직 성경과 성령의 인도로 예수가 전한 천국복음을 전하는 곳이라는 것을 알게 되며 교회에 사람이 너무 많아서 사람의 힘으로 무언가를 하면 안 되는구나, 또 교회가 돈이 많아서 돈으로 무언가를 하면 안 되는구나 깨닫게 되었다.

그리고 교회가 왜 그럴까 생각하다가 홍자 스스로 성경 말씀을 가지고 씨름하며 간절하게 기도하다가 홍자는 성경에서 말하는 복음을 점점 알게 되었고 왜 예수 그리스도가 사람들에게 좋은 소식, 굿 뉴스인지 알게 되었다. 홍자는 굿 뉴스(복음)를 통하여 가난한 자들, 천대받는 사람들, 사회 약자들을 위해서 자신의 삶을 십자가에 던진 예수의 길을 따라가고 싶어 하는 마음이 점점 간절해졌다.

지혜 스승과의 만남

홍자는 돈이 너무 좋아 돈에 끌려가는 현실에 너무 마음이 아팠지만 홍자 자신도 돈에 대항해서 싸울 힘이 없었다. 그러나 이대로 주저앉을 수는 없었다. 그래서 돈을 다스릴 능력을 더 키우기로 결심을 하고 있는데 우연히 돈에 대해서 잘 알고 있는 지혜라는 스승을 만나 그동안 궁금했던 질문을 하나하나 나누면서 행복한 학습의 길로 들어서게 되었다.

홍자는 지혜 스승님에게 질문했다.

홍자: 왜 사람들이 그렇게 돈을 좋아할까요?

지혜: 사람들이 돈에 대해서 잘 모르기 때문이란다. 돈에 대해서 잘 알면 돈을 사람보다 더 좋아하지 않는다. 돈에 목숨을 거는 것이 오히려 목숨을 잃을 수 있다는 것을 알면 그렇지 않을 것이다.

홍자: 그럼 돈이 도대체 무엇인가요?

지혜: 돈은 우리가 살아가는 데 필요한 모든 것을 구매할 수 있

함께 꿈꾸고 함께 행복하기

는 힘을 주기 때문에 가볍게 다룰 것은 아니란다. 돈 문제는 인류의 문제이고 한 사람의 인생의 문제란다. 그래서 성경에서도 믿음에 대한 구절은 215개 언급되었으나 돈과 재정에 관련된 구절은 2,084개나 언급된단다.

이렇게 성경에서도 재정에 대해서 중요하게 다룬 것은 사람이 쉽게 돈에 끌려갈 수 있기 때문에 정신을 똑바로 차리고 믿음으로 살아야 한다는 것을 강조하기 위해 재정과 돈에 대해서 많이 언급하고 있단다. 정확한 복음의 진리를 모르면 성경에서 말하는 재정과 돈의 의미를 알 수가 없단다. 돈은 사람이 살아가는 데 매우 중요한 것이기 때문에 돈에 대해서 잘 알고 잘 다스려야 한단다. 하지만 돈은 인간을 섬기기 위한 수단이어야지 돈이 인간보다 절대 앞서면 안 된단다. 돈을 인간보다 우선하는 마음을 가질 때 사기, 횡령, 배임, 절도 등 부정한 행동들이 나오게 된단다.

홍자: 돈이 없어도 걱정이고 돈이 많아도 걱정이라고 하는데 왜 돈은 우리에게 걱정과 염려를 갖다줄까요?

지혜: 사람들은 돈만 있으면 현재의 삶에서 느끼는 불안과 문제가 순식간에 해결되고 행복한 인생을 보낼 수 있다고 믿고 있는데 절대 그렇지 않단다. 돈에 한번 매여서 끝

려가기 시작하면 인생 전체가 돈에 끌려가서 자기 주도
권을 돈으로부터 찾아오기가 참 어렵단다. 사람은 태어
나면서 죽을 때 까지 돈이 필요하단다. 태어나서 산부인
과에 지급해야 할 돈과 늙어서 병원비와 사망 시 장례비
용 등 돈이 많이 필요하단다. 그래서 이 돈을 다스릴 힘
을 가지고 살지 않으면 언제 주인을 물지 모르는 살모사
와 함께 지내는 것이란다. 그리고 돈이 많은 사람은 그
돈을 언제 잃을지도 모른다는 불안감에 휩싸여 있고 돈
때문에 부부사이나 자녀관계 인간관계가 매우 힘든 경
우가 많단다. 많은 돈을 남겨 두고 사망한 사람의 유가
족들은 돈 때문에 서로 원수가 되고 법적 투쟁을 하는 것
을 각 나라에서 많이 보았을 것이다. 그만큼 돈을 다스
리기가 어렵다는 것이다. 그래서 돈을 다스릴 능력이 아
직 부족한데 많은 돈을 소유한 것은 큰 불행이란다. 차
라리 돈이 부족한 것이 훨씬 진정한 가치 있는 삶을 살
수 있는 경우가 많단다.

홍자: 그래도 돈이 많은 것이 돈이 없는 것보다 낫지 않나요?

지혜: 물론 그렇지! 돈은 적정하게 소유하는 것이 좋단다. 본
인이 다스릴 능력 이상의 돈은 그 사람의 인생을 실패하
게 만든다. 갑자기 로또에 당첨된 사람들의 당첨 후

의 삶이 그렇게 아름답지 못하게 끝나는 경우를 많이 보듯이 많은 돈을 소유하려면 그만큼 소유 능력이 있어야 한단다. 그리고 하루아침에 부자가 되는 것은 바람직하지 않단다. 차근차근 노력하여 부자가 되는 것이 현명하단다. 지금 많은 부자들은 인내심을 가지고 성실하게 노력하여 부자가 된 사람들이 많이 있단다. 문제는 이렇게 부자가 된 이후에 이 돈을 어떻게 잘 사용하느냐가 중요한 과제이구나. 어떤 사람은 나는 돈이 없어도 괜찮아 이렇게 말하는 사람은 돈의 교환 기능에 대해서 잘 모르는 경우이구나. 돈은 사람들과 사람들을 소통하는데 중요한 교환 기능을 한단다.

3.
돈에 권세를 주는 것과
균형 있는 삶

홍자: 돈을 버는 과정이 중요하군요.

지혜: 문제는 바로 돈이 많이 있으면 무엇이든지 할 수 있다는 지난친 자신감이 문제란다.

이런 사람은 돈을 버는 과정보다 돈을 손에 쥐는 것에 집중하다 보니 돈을 자기 품에 많이 모을 수는 있지만 많은 것을 잃게 된단다. 돈을 거두어들이는 과정이 돈을 손에 넣는 것보다 훨씬 더 중요하단다. 돈과 잘 사귀는 법을 배워서 돈을 잘 다스리는 것이 행복한 인생을 살게 한단다. 돈을 사랑하거나 돈에 권세를 주는 것은 돈에 노예가 되어 버릴 수 있단다.

홍자: 돈을 사랑한다는 것은 무엇을 말하는 것이죠?

지혜: 돈을 사랑한다는 것은 그것에 마음을 빼앗기는 것이란

함께 꿈꾸고 함께 행복하기

다. 무언가를 사랑한다는 것은 그 대상에 자기의 마음과 생각을 온통 집중하게 만든단다. 연인끼리 사랑할 때 금방 헤어졌는데 또 보고 싶어 하고 또 보고 싶어 하고 그런 것이 사랑이란다. 그런데 자꾸 서로 보고 만나고 나누고 하다 보면 감정이 더 깊어지는 사랑을 하듯이 돈을 자꾸 생각하고 돈 벌 생각만 하고 돈을 위해서는 어떤 것도 감수하겠다는 의지가 있는 사람은 돈을 사랑하고 있는 사람이란다.

얼마 전 미국 유학 중에 돈 때문에 휴학을 하고 한국에 온 여학생이 유학비를 벌기 위해 술집의 종업원으로 취직을 했다가 일주일 만에 그만두었다는 이야기를 들었다. 그만둔 이유는 돈을 너무 사랑하다 보니 자기 마음과 생각을 통제할 수가 없었고 결국 술을 따르는 자신의 모습을 보고 놀라서 도망치듯이 그 술집에서 나왔다 한다. 돈을 사랑하게 되면 우리의 마음과 생각이 혼탁하여지며 쉽게 거짓과 부정에 타협하고 만다. 결국 돈을 사랑하게 되면 우리 인생이 어두운 곳으로 끌려가게 된다. 그래서 늘 생각과 마음을 새롭게 하며 돈을 사랑하지 말고 돈을 다스려야 한다.

홍자: 네, 돈을 사랑하면 안 되는군요. 잘 알았습니다. 절대 돈

을 사랑하지 않고 싶어요. 그럼 돈에 권세를 준다는 것은 무슨 의미이죠?

지혜: 돈에 권세를 준다는 것은? 돈에 복종하는 것이란다. 돈은 전혀 권세가 없는데 돈이 많은 사람 앞에서 대부분 사람은 기가 죽는단다. 돈 많은 부자들을 많이 부러워하고 돈 많은 사람과 친해지려고 가식적인 관계를 맺고 노력하는 것은 돈에 권세를 주는 것이란다.

또한 돈을 위해 불의와 타협하고, 돈을 위해 이웃에게 피해를 주는 것은 돈에 권세를 주는 행위이란다. 돈은 인간의 다스림을 받아야 하는데 돈이 권세 있는 것처럼 인간을 다스리는 것은 매우 잘못된 것이란다. 가난하게 살더라도 끝까지 진실하고 정직하게 그리고 성실하게 살겠다고 결단하고 행동하면 점점 돈이 굴복하게 되며 돈을 다스릴 능력을 갖게 되며 돈을 벌 수 있는 좋은 기회들이 보인단다.

혹시 내가 돈 때문에 힘들게 했던 사람들은 없는가? 돈을 벌기 위해서 무리하게 행동한 것은 무엇인가? 돈에 권세를 주지 않기 위해 내가 결단할 생각과 행동은 무엇인가? 한번 생각해 보아야 한다.

홍자: 왜 사람들은 그렇게 빨리, 많은 돈을 벌려고 하나요?"

지혜: 돈을 버는 과정 자체가 인생의 중요한 여정인데 돈을 빨리 벌어서 여유 있는 삶을 살고 싶어 한단다. 그런데 돈을 많이 벌어서 여유 있는 삶을 사는 사람들 보면 그들 안에 또 다른 갈망이 생긴단다. 인간의 갈망은 끊임이 없단다. 핸드폰의 등장을 잠깐 살펴볼까!

이동하며 전화만 하는 것도 편리했는데 이제는 스마트폰의 등장으로 전화기와 컴퓨터를 손에 가지고 다닌단다.

앞으로 곧 또 다른 편리한 기능의 스마트폰이 나오면 사람들의 소비를 또 유발시킬 것이란다. 대부분 사람들이 스마트폰을 사용하기 때문에 본인 혼자만 구형 전화기를 사용할 수가 없단다. 또한 초등학생 아이들이 핸드폰이 필요할까? 하는데 대부분 아이들이 소유하고 있기 때문에 그들끼리의 의사소통을 위해서 부모님은 할 수 없이 핸드폰을 사 주어야 한단다. 이러한 소비의 흐름에 때문에 우리가 균형을 잡고 여유 있게 돈을 벌며 살아가기가 너무 어렵단다.

일을 통하여 사람은 자신이 소중한 존재임을 확인하고 또 살아갈 경제적 공급도 받기 때문에 사람에게 일자리는 매우 소중한 것이란다. 그런데 문제는 인간 안에 숨겨진 욕심과 탐욕을 불러일으키는 사회 문화가 문제일 때가 많단다. 지금 내가 취하지 않으면 기회가 없게 되고 먹고 살 수 있는 일자리가 없다는 것 때문에 빨리 많은 돈을 벌어서 저축해 놓고 여유 있게 살려고 하는 것이란다.

한 개인의 문제라고 생각할 수 있지만 사회 구조적인 측면에서 바라보면 개인에게만 책임을 돌릴 수 없단다. 그럼에도 불구하고 우리는 돈을 빨리 벌려는 생각을 차단하고 균형 있는 삶을 추구하며 이웃과 더불어 살아가는 삶을 살아야 한단다. 돈을 빨리 많이 벌려는 마음은 우리를 조급하게 하고 오히려 불안과 염려를 가져다준단다. '천천히 돈 버는 과정 자체가 인생이다.'라는 확실한 신념으로 진실되고 정직하게 그리고 성실하게 일을 해 나가면 마음의 평강을 누리며 재미있게 살아갈 수 있단다.

생각해 보는 주제

지금 내가 돈을 벌고 있는 방법은 나에게 정직한가?

새로운 변화를 줄 수 있는 길은 없는가? 한번 깊게 생각해 볼 주제들이다.

함께 꿈꾸고 함께 행복하기

균형 있는 삶

홍자: 그럼 각 나라와 사회가 안정되는 것이 경제생활에 중요하군요?"

지혜: 그렇단다. 안정적인 사회는 서로 배려하고 더불어 살아가는 것이 익숙하기 때문에 돈을 축적하는 데 과도한 집착을 하지 않는단다. 정치가 불안하고 경제 구조가 취약한 나라는 사회 지도자들은 엄청난 부자이고 대중들은 가난하게 사는 경우가 많단다. 지나치게 가난한 삶을 살게 되면 다른 이웃을 돌아볼 여유가 없게 된단다. 그래서 각 나라 지도자들은 정치를 안정시키고 대중들이 열심히 일하면 잘 먹고 잘살 수 있다는 희망을 주는 사회구조를 만들어야 한단다. 요즘 자본주의가 극단화되면서 미국처럼 부자가 많은 나라에 매일 끼니를 굶는 어린아이들이 6명 중 1명이라는 문제도 있단다.

또한 지금 선진국에 진입하고 있는 한국도 지나친 소득 격차로 사회가 어려움을 겪기 시작했단다. 사람 살아가는 세상은 절대로 완벽한 사회구조를 갖출 수가 없으며 항상 문제와 불균형은 존재한단다. 이러한 문제와 불균형 속에서 정확한 삶의 기준을 가지고 공의롭게 살아가며 자기 스스로 노력하며 가족과 함께 행복하고 균형 있는 삶을 찾아가는 것은 참 의미 있는 일이란다.

홍자: 가족과 함께 행복하고 균형 있는 삶을 찾아가는 것은 의미 있다고 말씀하셨는데 어떤 삶을 말씀하시는 것이죠?

지혜: 가족은 우리가 열심히 일을 할 수 있는 힘을 공급받는 곳이란다. 부모 가족이 없이 태어난 사람은 한 명도 없으며 사람에게 가장 필요한 공동체가 바로 가족이란다. 그런데 지나친 경제 활동이 가족의 소중함을 빼앗아 가고 말았구나. 가족끼리 한마음이 되고 한뜻이 되면 어떤 경제적인 어려움도 이겨 낼 수 있는 힘이 생긴단다. 사람에게 가장 큰 문제는 낙심하는 것이란다. 낙심하게 되면 인생을 포기하고 싶은 마음이 들어 자꾸 패배자의 삶을 살게 되어 좋은 기회들을 잃어버리고 만단다. 아무리 상황이 어려워도 나를 무조건 받아 주는 가족이 있다고 생각하면 다시 희망을 가지고 일어설 수 있지 않겠니?

생각해 보는 주제

- 우리 가족의 마음을 하나로 모으는데 방해하고 있는 것은 무엇인가?
- 방해하고 있는 것을 제거하고 회복하는 방법은 무엇일까?

함께 꿈꾸고 함께 행복하기

홍자: 그런데 정말 어려운 순간이거나, 가족 중 누가 아프거나, 사망하면 제일 먼저 가족들이 달려오는데 평상시에는 왜 가족들이 서로 돌아보지 못하고 바쁘게 살죠? 무엇 때문이죠?

지혜: 아주 좋은 질문이구나. 사실 공기와 햇빛은 늘 우리 곁에 있으니 소중한 줄 모르고 사는 것과 마찬가지이구나. 공기와 햇빛이 없으면 사람은 살기 어렵단다. 가족은 한 사람이 태어나서 안정감을 가지고 성장하는데 필수 불가결한 공동체란다. 건강한 가족은 건강한 사람을 성장시키고 건강한 사회 건강한 국가를 만들게 된단다.

이렇게 소중한 가족을 왜 우리가 등한시하면서 바쁘게 살까? 사람들 마음 안에 항상 결핍의 마음이 있으면 이유 없이 바쁘게 된단다. 자족하는 마음을 가지고 지금을 감사하면서 새로운 도전을 해야 하는데 지금을 감사하지 않고 늘 새로운 도전만 좇아가다 보니 만족함 없는 결핍이 일상화되어 버린 것이란다. 게다가 자기만 그런 줄 알았는데 대부분 사람들이 그렇게 사니 그것이 사회 흐름이 되어 버린 것이란다. 특별히 대한민국처럼 아파트 공화국은 옆집 따라 하기가 사회의 패턴이 되었구나. 그래서 우리 아버지 어머니는 우리 가족을 위해서 열심히

일하는 사람이니 엄마 아빠가 바쁜 것을 당연한 것으로
받아들이고 자신의 생각과 마음을 나누기를 포기하게
되는구나. 우리 아빠는 바쁘고 우리 엄마도 바쁘니까 할
수 없지? 이렇게 시간이 흐르고 흐르면서 아이들도 그런
생활 패턴을 배워서 성장하고 결혼을 하는구나. 이러하
다 보니 가족의 소중함은 정말 어려운 일 당했을 때 잠깐
느끼고 또 바쁘게 돌아가 버리는구나.

사람에게 허락된 풍성한 가족의 삶, 행복한 가족의 삶
을 회복하기 위해서 이제 우리는 쉼표를 과감하게 찍어
야 하는구나. 32분 쉼표를 가지고는 부족하고 이제 24시
간 쉼표를 찍고 가족과 함께 현재를 감사하며 새로운 도
전의 꿈을 나누는 것이 필요하구나. 꿈을 이루어 성취하
는 참 기쁨은 그 과정에 함께 참여할 때란다. 그래서 인
생은 성공의 열매보다 더욱 중요한 것은 성공의 열매를
일구는 과정에 어떻게 참여하고 누구와 함께 어떻게 가
꾸어 가느냐가 더욱 중요하단다. 진짜 열매의 단맛은 과
정이 행복할 때란다. 성공의 열매가 주렁주렁 열렸는데
그 열매를 함께 맛볼 사람이 없으면 이 얼마나 허전하고
당황스럽겠니? 그래서 진정한 행복을 누리는 사람은 소
통을 잘하는 사람이란다. 소통을 잘하는 방법은 과정을

공유하는 것이고 진실한 마음으로 그 사람의 소리를 듣는 것이란다. 형식적인 경청이 아닌 진실한 경청과 솔직한 의견의 나눔은 과정을 풍성하게 하며 진정하고 행복한 성공으로 이끈단다. 여기서 잠시 책 읽는 것을 멈추고 쉼 호흡을 크게 하고 사색하면 좋을 것 같구나. 나의 삶 속에서 바쁘게 만드는 것이 무엇인지 깊게 생각해 보고 좀 더 여유 있게 접근하려면 어떻게 해야 하는지 생각해 보고 누군가와 나눠 보는 것도 좋겠구나.

생각해 보는 주제

- 우리 가족이 분기 1회 정도 함께 쉬고 놀고 하는 계획을 나누어 본다.
- 자신의 삶의 일주일 과정을 나누며 지금 자신의 화두를 나누어 본다.

4.
돈의 기능과 지출에 대하여

홍자: 돈의 기능에는 교환 기능 말고 무엇이 있나요?

지혜: 저장 기능과 증식 기능이 있단다. 저장 기능은 저축을 말
하는데 돈의 저장 기능을 너무 심취하여 장래를 위하여
과도하게 저축하는 것은 지금의 삶을 재미없고 가치 없
게 만든단다. 미래의 불안감 때문에 저축을 많이 하는데
아무리 많이 저축해도 미래에 대한 불안은 없어지지 않
는단다. 과도한 저축은 우리 인생에 매우 해롭단다. 그
리고 증식 기능은 자본주의 시스템에 있는 이자를 말할
수 있단다. 사람들이 투자를 하는 것은 돈의 증식 기능
때문이란다. 돈의 증식 기능에 너무 빠지면 돈 불리기에
혈안이 되고 돈 버는 것 자체가 목적이 되는 불쌍한 삶을
살 수 있는 위험이 있으니 조심해야 한단다.

함께 꿈꾸고 함께 행복하기

홍자: 주변에 사람들 보면 늘 하는 말이 돈만 있으면… 돈만 있으면… 이런 말을 많이 하는데 왜 그러죠?

지혜: 사람들은 모든 인생 문제를 돈 탓으로 돌리는 경우가 아주 많단다. 그런데 사실 문제를 깊게 들여다보면 돈 문제가 아니고 그 사람의 가치관과 마음과 생각이 문제인 경우가 대부분이란다. 돈 때문에 나를 찾아온 청년과 회사원 이야기를 한번 들어 볼래? 미국 유학을 가고 싶어하는 한국의 젊은 청년이 돈 때문에 유학을 접었다고 했는데 그러나 상담을 깊게 해 보니 문제의 핵심은 청년이 아직 유학 갈 준비가 안 되어 있더구나. 그 청년의 부모님은 어릴 때부터 그 청년을 위해 교육 자금을 위해 저축을 해 놓고 계셨단다. 아직 그 청년에게 비밀로 하고 있었던 것이란다.

또 어떤 샐러리맨이 사업을 너무 하고 싶은데 돈이 없기 때문에 사업을 시작하지 못한다고 해서 상담을 해 보니 아직 사업 아이템에 대한 확신도 부족하고 뚜렷한 사업계획도 준비가 안 되었더구나. 아직 시작도 하기 전에 실패에 대한 두려움이 그 샐러리맨을 꼭 붙들고 있더구나. 그리고 그 샐러리맨은 왜 사업을 해야 하는지에 대한 명확한 철학도 없더구나. 많은 사업가들이 돈을 벌려고 사업을 시작하는구나. 그러나 돈을 버는 것이 우선순위가 되면 돈에 노예가 되기 때문에 사업의 수단과 방법을 가리지 않고 돈을 벌려고 달려들게 되는구나. 처음에는 돈을 잘 버는 것 같지만 절대로 오래가지 못 한단다. 수요자들에게 좀 더 좋은 가치를 만들어 내고 좀 더 좋은 사회를 만들기 위해 노력하는 과정으로 사업을 해서 돈을 벌어야 지속 가능한 사업을 할 수가 있으며 사업하는 과정도 즐겁고 성공적인 인생을 살 수가 있단다.

김밥 장사를 하나 하더라도 손님들에게 아주 좋은 영양을 공급해 주고 저렴한 금액으로 최고의 맛을 느낄 수 있도록 가치를 부여하면서 장사를 하면 훨씬 의미 있고 즐겁게 장사할 수 있단다.

또한 많은 부부들이 돈 때문에 이혼을 한다고 하지만 사실 깊이 들여다보면 돈이 아니라 부부 사이의 신뢰와 사랑 그리고 커뮤니케이션의 부족이 대부분이란다. 서로 사랑하면 어떤 어려움도 이겨낼 수 있는 것이 부부 사이란다. 결국 사람들은 아직 자기에게 다가오지 않은 미래를 당겨서 염려하게 하는데 돈이라는 놈이 큰 역할을 하고 있는 것이란다.

홍자: 그렇군요. 사람들이 돈이 없어서 무엇을 할 수 없다. 돈

함께 꿈꾸고 함께 행복하기

때문에 죽겠다라고 하지만 사실 대부분 돈 문제가 아니
군요. 돈은 인생의 모든 상황에서 얼굴을 내밀기 때문에
언뜻 보면 돈 문제처럼 보이지만 사실 돈 문제가 아니라
는 것이죠?

지혜: 바로 그것이란다. 돈이 가장해서 사람들의 마음을 빼앗
아 돈이 가장 큰 문제라고 속삭이는데 이 속삭임을 강하
게 거절하고 진정한 가치체계를 만들어 내는 것이 중요
하단다.

홍자: 돈에 대해서 조금씩 알아가니 재미있네요~ 그리고 막연
한 것이 좀 명확해지네요. 돈에 대하여 좀 더 자세히 알
고 싶어요!

지혜: 사람들의 돈에 대한 태도는 부모의 영향을 그대로 받는
단다. 어릴 때 본인이 경험한 돈에 대한 습관이나 태도
가 성인이 되어 그대로 나타난단다. 그래서 혹시 돈에
대한 부정적 유전이 있으면 고리를 끊고 다시 새롭게 시
작해야 한단다. 그래서 돈에 대한 지식과 철학을 철저히
배워서 돈에 대한 습관과 태도를 올바르게 수정해야 행
복한 경제생활을 할 수 있단다. 자녀를 키울 때 자녀가
필요하다고 하는 것을 절제 없이 제공해주면 그 아이는
돈의 소중함을 모르고 함부로 돈을 쓸 확률이 매우 높으

며 경제적으로 자립하는 데 많은 시간이 걸리는 위험이 있단다. 반면에 아이에게 필요한 것을 제대로 공급해 주지 않으면서 늘 돈이 없다고 말하면서 키운 이 아이는 돈을 버는 데 매우 집중하게 되어 매우 인색한 사람으로 성장할 확률이 높단다. 그러므로 아이들에게 균형 있는 돈에 대한 교육이 절실히 필요하단다.

홍자: 선생님, 돈에 대한 좀 더 자세한 이야기 좀 해 주세요.

지혜: 돈의 지식에 대하여 몇 가지를 더 설명할 테니 잘 들어 보렴. 첫째는 이웃을 위해 돈을 많이 벌 수 있는 구조를 만들어야 한단다. 즉 비즈니스 오너가 되어서 다른 사람의 인생에 도움을 주는 사람이 되는 것은 의미 있는 일이란다.

홍자: 모든 사람이 돈을 많이 벌 수 있는 구조를 만드는 비즈니스 오너가 될 수는 없지 않나요?

지혜: 그렇단다! 모든 사람이 비즈니스 오너가 될 수는 없단다. 사회는 리더가 있고 따르는 자가 있듯이 먼저 깨달은 사람이 새 길을 만들어 놓으면 다른 사람이 그 길을 통하여 더 높은 가치를 창조하고 또 다른 사람에게 새로운 길을 제공하는 것이 아름다운 것이란다.

홍자: 그런데 사회는 대부분 자신의 행복한 삶과 편안한 노후

를 위해서 돈을 많이 벌려고 하지 다른 사람의 행복을 위
해서 돈을 많이 벌려고 하지는 않지 않나요?

지혜: 그렇단다. 바로 그것이 수정되어야 할 부분이구나. 사람
들이 자신의 이익만을 생각하면서 돈을 벌면 재미도 없
고 쉽게 지친단다. 기쁘고 즐겁게 돈을 버는 방법은 이
웃에게 도움을 주면서 그 일을 통하여 자신의 성장을 추
구하면 돈은 자연스럽게 따라오게 된단다.

홍자: 지혜 스승님, 실제로 그것이 가능하다 생각하세요? 현실
감 없는 이야기를 하시면 요즘 젊은 사람들은 귀를 아예
닫아 버린다고요.

지혜: 그래. 홍자의 말이 일리가 있구나. 그런데 현실적이라
는 말에 끌려가면 더 나은 아름다운 세상을 만들어 가야
하는 우리 젊은이에게 너무 어둡지 않니? 젊은이는 꿈
을 가지고 이 땅에서 이상을 실현하며 사회에 좀 더 높은
가치를 만들어 내는 일에 몰입하는 것이 의미 있지 않을
까? 그래서 평소에 정직하고 진실하게 이웃을 사랑하는
마음을 추구하면서 훈련하며 살아가는 사람에게는 더
좋은 기회들이 찾아오곤 한단다. 현실을 직시하면서도
현실과 타협하지 않고 정의롭고 아름다운 세상을 만들
어가는 일에 헌신하는 젊은이에게는 행복한 미래가 다

가오기 쉽단다.

홍자: 그렇군요. 하기야 제 친구 중에 박철이라는 친구는 자신이 수년간 연구해서 개발한 컴퓨터 바이러스 프로그램을 모든 사람에게 무료로 나눠 주면서 컴퓨터 사용자들에게 새로운 희망을 주는 것을 보았어요. 결국 그 친구는 이웃을 위해서 열심히 섬겼는데 그 기회가 오히려 그 친구에게 재정의 자유와 명예를 가져 다 주었어요.

지혜: 바로 그것이구나. 인생이 서두른다고 자신이 원하는 열매를 빨리 수확할 수 있는 것이 아니란다. 진정성을 가지고 멀리 보고 차근차근 이웃의 유익을 위해 살다 보면 자신의 아름다운 열매를 수확하게 되어 있단다. 대한민국에서 의사로, 사업가로 살다가 갑자기 대통령 후보까지 하게 된 A 선생님도 바로 이웃을 위해서 살아온 삶의 열매로 새로운 기회가 주어진 경우이란다.

이웃 사랑의 실천이 사람들에게 감동을 준 것이란다. 앞으로 미래세대는 더욱 인류에 감동을 주는 사람이 필요한 시대란다. 이론이나 말이 아니라 실재 삶으로 보여 주는 위대한 사람을 각 영역에서 너무 필요로 하고 있구나.

돈의 지출에 대하여

지혜: 돈의 지식 두 번째는 지출을 신중하게 해야 한단다. 진정
한 부자는 고가의 브랜드 상품이나 외제차에 돈을 함부
로 사용하지 않는단다. 즉 불필요한 것에 돈을 쉽게 지
출하지 않는단다. 순간적인 감정과 기분을 위해서 불필
요한 돈을 사용하지 않는단다. 심지어 신용카드도 사용
하지 않고 직불카드만 사용한단다. 즉 물건을 구입할 때
현금을 주지 않고 신용카드를 사용하면 과소비를 할 위
험이 크단다. 지금 통장에 현금이 없는데도 카드는 우리
에게 물건을 살 수 있도록 친절하게 안내한단다. 그런데
한 달 후 카드 결제일에 우리는 많은 어려움에 직면하게
되고 삶을 허둥지둥하게 만들고 마는 것이 신용카드란
다. 미국 사람들의 소비 습관은 돈에 끌려가기 쉽게 만
드는 매우 큰 위험이 있단다. 집이나 자동차나 모든 것
을 렌트로 구입해서 매월 그 비용을 지불하다가 인생을
힘들게 살아가는 사람이 대부분이란다. 각 나라는 소비
문화를 현금 문화로 즉 직불카드 문화로 바꾸어야 한단
다. 그래야 돈에 끌려가지 않고 돈을 다스리면서 여유
있는 삶을 살 수 있단다.

홍자: 지출을 신중히 하고 자기가 사고 싶은 것도 안 살려면 왜

돈을 많이 벌죠?

지혜: 아주 좋은 질문이구나. 지출을 절제한다는 것은 정말 쉽지 않단다. 그런데 계획되지 않은 즉흥적 지출이나 과시용 고가 브랜드 상품 구입은 반드시 곧 후회하게 된단다. 꼭 필요하지만 가격이 비싼 것을 구입할 때는 예산을 미리 계획하여 계획적 구매를 하는 것이 돈을 다스리는 소비 습관이란다.

홍자: 꼭 필요한 것이 있는데 돈이 없어서 지출을 못하는 경우는 어떻게 해야 하지요?"

지혜: 첫째는 다시 한번 그 물건이 꼭 필요한가? 숙고하며 시간을 길게 가져야 한단다. 한두 주 시간이 지났는데도 그 물건이 여전히 필요하다는 생각이 든다면 그것은 꼭 필요한 물건이니 때를 기다리면서 자금을 준비하면 된단다. 자금을 준비하다 보면 그 물건이 필요 없게 된 경우도 있고 누군가 그 물건을 기부하기도 하고 예상치 않은 자금이 생기기도 한단다.

홍자: 그러니까 지출을 신중하게 한다는 것은 돈을 다스리는 힘을 소유하게 된다는 것이군요.

지혜: 그렇단다. 지출을 감정이나 충동적으로 하는 것은 사실 우리의 순수한 자유의지가 아닌 감정이나 충동의 노예로

함께 꿈꾸고 함께 행복하기

행동하는 것이기 때문에 진정한 자유의지가 아니란다.

홍자: 순간적 감정이나 충동에 의해서 쉽게 지출하는 사람들이 의외로 많더라구요, 요즘 홈 쇼핑, 인터넷 쇼핑을 통한 광고에 이끌려 물건을 필요 이상으로 구매해 본 사람이 참 많으며 저도 광고를 보고 즉흥적으로 구매했다가 사용하지 않는 물건이 여러 가지 있습니다. 그런데 이런 것들이 결국 나의 순수한 자유의지가 아닌 감정이나 충동의 노예로 결정했다고 생각하니 정신이 번쩍 드는군요.

지혜: 돈의 수입과 지출을 잘 다스리면 돈에 끌려가지 않고 돈을 다스리며 자신의 철학대로 주도적인 삶을 살 수 있다네.

지혜: 홍자는 얼마 전에 미국 일본 한국에서 하버드 대학 교수 마이클 샌델의 '정의란 무엇인가?'라는 주제로 강연과 책이 성행했는데 알고 있니?

홍자: 네, 저도 그 책을 읽어 보았는데 진정 정의란 무엇인가에 대해서 더욱 고민하게 되었습니다.

지혜: 우리는 살아가면서 무수히 많은 선택을 해야 한단다. 어떤 선택이 정의로운 선택인가? 매우 어려운 경우가 많이

있단다. 마이클 샌델 교수도 강의를 통하여 학생들에게 가르치고 싶은 것은 '정의란 이런 것이다.'라고 기준을 제시하려는 것이 아니라 어떤 행동이나 선택에 있어서 정의로운 선택이 무엇인가? 숙고하며 살아가는 것이 중요하다는 것을 인식시키려는 것이었단다. 우리가 돈에 대한 태도도 어떤 태도가 정의로운 태도인가? 매우 고민해야 한단다. 돈에 대한 정의로운 태도만 올바르게 가진다면 그 사람의 인생의 절반은 성공이구나.

지혜: 돈의 지출도 정의란 무엇인가라는 측면에서 바라볼 수 있단다. 소비자 지출이 너무 줄어들면 돈의 흐름이 막힐 수가 있단다. 이러할 때 어떤 지출이 정의로운 지출인가? 지출을 신중히 하려는 것이 나 혼자만 잘살겠다는 마음으로나 또는 돈을 쌓아 두는 목적으로 지출을 신중히 하는 것은 '정의란 무엇인가?'와는 거리가 있을 수 있단다.

홍자: 돈을 버는 것도 어렵지만 사용하는 것도 어렵다고 하더니 정말 그렇군요.

지혜: 사실 지금 모든 국가와 사회가 문제인 것은 돈이 사람을 다스리고 있다는 것이다. 원래 돈은 중립적인 것으로 인간을 섬기기 위해서 인간이 만든 소통의 수단인데 모든

함께 꿈꾸고 함께 행복하기

인간들이 돈에 노예가 되고 있다는 것이 큰 문제이란다.
돈을 위해서는 사람을 죽이기까지 하는 인간의 악함이
매우 큰 사회 문제가 되고 있단다.

그리고 미국과 중국이 서로 싸우고 있는 것도 돈의 힘,
자본의 힘, 경제의 힘으로 서로를 다스리려고 하기 때문
이란다. 최근에 일어난 우크라이나 전쟁도 미국과 러시
아가 서로 이익 때문에 전쟁하게 되었단다. 너무도 안타
까운 사실은 이러한 야욕으로 인한 전쟁으로 힘없는 여
자와 어린 아이들의 귀중한 생명을 너무 많이 잃었구나.

또한 요즘 선진국에서 갈수록 문제가 커지고 있는 성 산
업과 마약 산업. 이러한 모든 것은 돈에 노예가 된 비이
성적 행동이란다. 이것은 자본주의 발달이 인간에게 선
물한 불량 제품이란다. 이것은 즉시 치유되어야 한단다.

그래서 각 정부 지도자들은 사람들에게 정직한 생각과
진실한 마음의 힘을 기르게 하여 더불어 살아가는 아름
다운 세상을 만드는데 특별히 신경을 써야 한단다.

그래서 철학자 칸트는 "절대로 인간을 나 자신이든 다른
사람을 위해서든 단순한 수단으로 다루지 말고 인간을
언제나 목적으로 다루라."라며 한 개인 한 인간의 소중
함을 매우 강조하고 있단다. 한 생명이 그 어떤 것보다

소중함을 놓치면 안 된다고 하는구나.

홍자: 결국 지출을 신중히 하려면 자기 자신의 철학이 중요하군요?

지혜: 그렇단다. 내가 홍자에게 하고 싶은 돈에 대한 이야기는 결국 자신의 정체성 즉 자신의 철학이 명확해야 한다는 것이다. 그리고 돈에 대한 지출을 신중히 하려면 반드시 기록을 해야 한단다. 수입과 지출을 기록하지 않고는 지출을 신중하게 하기가 어렵단다.

국가 재정도 예산과 결산에 따라서 움직이듯이 개인이나 가정의 재정도 예산과 결산에 따라 움직여야 여유 있는 삶을 살 수가 있단다. 하지만 갑작스럽게 어려운 이웃을 도와야 하는 일이 발생하거나 비상적으로 긴급 구조를 해야 할 때는 감당할 수 있는 범위에서 조건 없이 과감하게 후원해야 한단다. 인생에서 어떤 원칙이나 규칙을 잘 지키는 것은 균형 있는 삶을 살아가는데 필요한 요소란다. 그러나 원칙과 규칙이 삶을 끌고 가지 않도록 해야 할 것이다. 그 원칙과 규칙도 한 사람의 소중함과 이웃과 더불어 살아가는데 방해가 될 때는 유연하게 적용하는 것이 필요하단다.

함께 꿈꾸고 함께 행복하기

5.
돈을 다스리는 구체적인 방법

홍자: 돈을 잘 다스린다는 것은 결코 쉬운 일이 아니군요?"

지혜: 그렇단다. 그 사람의 가치관과 세계관과 연결되어 있기 때문에 자신을 바라보는 시각, 이웃을 바라보는 시각, 세계를 바라보는 시각이 어떠하느냐에 따라서 돈을 버는 방법과 돈을 사용하는 방법이 다르단다.

홍자: 스승님 말씀대로 돈을 사용하려면 자신의 안락함을 위해서는 매우 절제해야 하는데 그러면 세계 최고 갑부들은 자가용 비행기를 사용하고, 큰 저택에서 살아가는데 어떻게 된 거죠? 또 비행기로 여행할 때 퍼스트 클래스 타는 것과 이코노믹 클래스 타는 것은 엄청난 가격이 차이가 나는데 이런 경우 우리는 어떻게 행동해야 하죠?

지혜: 아주 좋은 질문이구나. 최고 갑부가 되는 과정을 한번 생

각해 보자. 그 과정은 그 사회 구성원에게 높은 가치를 제공하여 돈이 그 갑부에게 흘러가게 되었구나. 서로 노력한 것이지 일방적인 것이 아니란다. 갑부는 그가 제공한 서비스에 돈을 지급한 사람들이 있었기 때문에 갑부가 되었단다. 그래서 갑부는 돈을 지급한 소비자들에게 매우 고마워해야 한단다. 국가가 있고 사회 시스템이 있고 소비자가 있어서 갑부가 되었기 때문에 그 갑부는 번 돈의 일부를 다시 사회에 환원해야 한단다. 그렇게 환원하면 그 갑부의 비즈니스는 더 오래도록 지속 가능한 갑부로 살아갈 수 있게 된단다. 갑부가 위와 같은 삶을 살 수 있다면 참 아름다운 일이란다. 하지만 자기가 노력해서 스스로 번 돈이라 생각하고 이웃을 생각하지 않으면서 호화로운 삶을 누리는 것은 돈을 잘못 사용하는 것이란다. 그리고 비행기로 여행 할 때 자신의 능력 범위 내에서 퍼스트 클래스를 이용하는 것은 얼마든지 가능하단다. 그런데 이런 경우도 자신이 가장 잘 안단다. 사치인지 효과적 이용인지는 자기 자신이 가장 잘 알 테니 얼마든지 퍼스트클래스 비행기를 이용할 수 있단다.

홍자는 지혜 스승과의 대화를 통하여 점점 돈에 대한 지식이

함께 꿈꾸고 함께 행복하기

정리되면서 머리가 너무 맑아졌다. 이제 돈에 노예가 된 사람들을 설득해서 돈으로부터 자유로운 삶을 사는 방법을 설명 할 수 있다는 자신감이 들기 시작했다.

홍자는 스승과의 깊은 대화를 통하여 돈을 다스리는 방법을 잘 터득하여 정말 신이 났다. 그동안 마음속에 품었던 돈에 대한 생각을 잘 정리하게 되어 매우 기뻤다.

홍자는 지혜 스승님께 갑자기 질문을 하나 던졌다. 이 지구에서 돈을 가장 잘 다스리는 민족은 어느 민족이나요? 질문하였다.

지혜 스승은 홍자에게 말하였다. "그렇지 않아도 내가 너에게 말해 주고 싶은 것이 있었단다. 세상에서 돈을 가장 잘 다스리는 민족은 유대인이란다. 그들은 하나님이 특별하게 선택한 민족이란다. 하나님이 이스라엘(유대인) 사람을 특별하게 선택한 이유는 하나님이 누구인지 잘 알고 하나님의 뜻을 모든 나라에 전달하는 통로로 사용하기 위해서란다. 그런데 그 민족이 선민의식에 사로잡혀서 하나님의 뜻을 제대로 전달하지 못하여 하나님께 많이 혼나게 되었단다. 하나님께 혼나면서도 성경을 통해서 하나님의 지혜를 많이 배웠단다. 성경을 통하여 배운 지혜를 응용하여 자신들이 창안한 아이디어로 많은 돈을 모으게 되었단다. 그래서 유대인들이 세계 유명한 금융 회사들을 소유하게 되었지

만 성경적인 방법으로 돈을 사용하고 관리해야 하는데 그렇지
못하여 많은 사람들이 피해를 보고 있단다."

홍자: 스승님, 그럼 성경대로 돈을 사용하고 관리하는 방법이
　　 무엇인가요?
지혜: 홍자야, 잘 들어 보렴, 성경은 돈에 대해서 직접, 간접으
　　 로 많은 부분을 이야기하고 있단다. 성경은 절대로 돈
　　 을 사랑하지 말라고 경고한단다. 돈을 사랑하는 사람들
　　 이 매우 많기 때문에 미리 성경대로 살고 싶으면 절대로
　　 돈을 사랑하지 말라는 것이다. 돈을 사랑함이 일만 악의
　　 뿌리라고 이야기한단다. 또한 재물과 하나님을 동시에
　　 섬길 수 없다고 하면서 사람들이 재물을 하나님과 동등
　　 하게 생각하며 살아갈 수 있다는 것을 아셨단다. 특별히
　　 지금 지구에 존재하는 사람들의 99.9%는 돈을 매우 중
　　 요하게 생각한단다. 왜냐하면 우리가 앞에서 돈의 개념
　　 과 기능에 대해서 이미 살펴본 것 같이 돈은 사람들을 자
　　 유롭게 하고 풍요롭게 한단다. 돈이 없으면 결핍을 느끼
　　 고 돈이 많으면 풍족함을 느끼게 되는 것이 일반적인 사
　　 람들의 반응이란다. 그러나 믿음으로 사는 사람들은 돈
　　 이 많고 적음에 따라서 쉽게 반응하지 않고 믿음으로 반

응하게 된단다.

홍자: 스승님 그럼 구체적으로 성경 구절에서 돈에 대해서 말하고 있는 것을 좀 더 알 수 있을까요? 많이 궁금합니다.

지혜: 자, 그럼 성경 구절에서 몇 구절만 찾아서 돈에 대해서 함께 생각을 해 보자꾸나.

홍자: 네, 좋습니다. 스승님의 설명이 기대가 됩니다.

6.
행복한 부자로 살아가는 방법

첫째, 사람들은 왜 부자가 되려 하는가?
둘째, 행복한 부자가 되는 방법
셋째, 행복한 부자의 사회적 책임

홍자의 가장 큰 관심은 모든 사람들이 행복한 삶을 살아가는 것이었다. 삶을 행복하게 살아가는 데 가장 필요하고 중요한 것이 돈이라는 것은 아무도 부정할 수 없다. 제1의 꿈과 제2의 꿈이 하나가 되어 행복한 부자로 살아갈 수 있는 방법을 홍자와 함께 찾아보기로 했다.

첫째, 사람들은 왜 부자가 되려 하는가?

사람들이 부자가 되려고 하는 이유는 단순히 돈을 많이 벌고 싶어서가 아니라, 돈이 제공하는 자유, 안정감, 영향력 때문이다. 돈이 많으면 원하는 것을 선택할 자유가 생긴다. 더 이상 생계를 걱정하지 않아도 되고, 하고 싶은 일을 할 수 있으며, 직장을 그만두는 것도 자유롭게 선택할 힘이 생긴다. 부자가 되면 자신이 원하는 해외여행을 자유롭게 할 수 있고 또 누군가는 창작 활동을 자유롭게 할 수 있다. 사람들은 본능적으로 위험을 피하고 안전을 추구하는 성향이 있다. 아브라함 매슬로우는 욕구 계층이론에서 사람들은 생존을 위한 필수적인 욕구가 채워지면 그다음으로 가장 원하는 것이 안전의 욕구라고 한다. 이 중에서도 재정적 안정이 안전의 욕구에서 매우 중요한 역할을 한다. 돈이 있으면 갑작스러운 사고나 위기에 대비할 수 있고 (예: 병원비, 실직, 경기 침체) 가족을 부양하거나, 자녀 교육에 더 많은 기회를 줄 수 있으며 노후 대비를 하면서 편안한 미래를 계획할 수 있다. 이로 인하여 안정감을 누리면서 살 수 있다.

즉, 부자가 된다는 것은 단순한 욕망과 생존 본능을 뛰어넘어 더 나은 삶을 위한 간절함의 발로이다.

그리고 현대 사회에서는 돈이 많으면 더 많은 존중과 영향력을 얻게 된다. 돈이 많으면 사람들이 더 친절하게 대해 주고, 좋은 인맥을 형성하는 데 도움이 된다. 부자는 정치, 문화, 사회적 의사 결정에도 더 큰 영향력을 행사할 수 있으며 명품, 고급차,

비싼 집 같은 것들은 단순한 사치가 아니라, 자신의 성공을 증명하는 도구가 되기도 한다. 인간은 본능적으로 타인에게 인정받고 싶은 욕구, 매슬로우가 말하는 존경의 욕구가 있기 때문에, 돈을 통해 자신의 가치를 증명하려는 경향이 있다.

사람들이 왜 부자가 되려 하는가? 이유 중 네 번째는, 꿈과 목표를 이루기 위해서이다. 부자가 되고 싶은 이유는 단순히 돈을 쌓아 두고 싶어서가 아니라, 자신이 이루고 싶은 꿈을 실현하기 위한 터전을 마련하기 위해서 꼭 필요하다. 어떤 사람은 세계 여행을 하고 싶어서, 어떤 사람은 자신만의 사업을 키우고 싶어서, 또 어떤 사람은 사회에 기여(예: 기부, 자선 활동)하고 싶어서 그렇다. 또한 현실적으로 돈이 많으면 더 많은 선택권을 가질 수 있으며, 좋은 교육을 받을 수 있고 더 건강한 삶을 누릴 수 있다.

그리고 돈이 많으면 원하는 직업이나 사업을 새롭게 시도할 수 있고 더 좋은 환경에서 살 수 있다. 즉, 부자가 된다는 건 자신의 인생을 능동적으로 통제할 수 있는 힘을 얻을 수 있다. 그리하여 행복한 부자가 되려 하는 것은 의미가 있으며 모두가 행복한 부자가 될 수 있는 것도 아니다. 행복한 부자가 되기 위해서는 자신의 노력뿐만 아니라 행운도 따라야 하고 이웃의 도움도 필요하다. 혼자 스스로 부자가 될 수 없다. 사회와 접촉을 해야

함께 꿈꾸고 함께 행복하기

부자가 되는 것이지 절대 혼자 부자가 될 수 없다. 부자는 돈이 그 사람에게 이동하는 것, 부의 이동이다. 돈을 이동시키기 위해서는 수많은 조건들이 맞아야 한다. 공급하는 재화가 사회적, 경제적 가치가 있어야 하고 수요자가 그 재화를 사고 싶은 마음이 들어야 한다. 아무리 좋은 제품, 좋은 재화라고 해도 타이밍이 맞지 않으면 소용이 없다.

둘째, 행복한 부자가 되는 방법

제1의 꿈을 가지고 제2의 꿈을 이룰 수 있는 방법 중에 사람들이 가장 관심이 많은 것이 돈을 많이 버는 것이다. 그래서 행복한 부자가 되는 방법에 대해서 함께 생각해 보려고 한다.

행복한 부자는 돈을 버는 과정을 중요하게 생각한다. 단순하게 부자가 되려는 사람은 과정보다 돈 버는 것 자체에 집중하다 보니 돈을 많이 벌어서 부자가 되어도 행복하지 않을 수 있다. 그런데 행복한 부자는 돈을 벌어서 누리는 경제적 자유와 함께 삶의 만족을 함께 추구하기 때문에 돈을 버는 과정에서도 행복을 누리게 된다. 제1의 꿈이 무엇인지 알고 돈을 버는 사람은 훨씬 행복한 삶을 경험할 수 있다. 행복한 부자는 단순히 돈을 많이 버는 것이 아니라, 돈을 잘 관리하고, 행복한 삶을 설계하는 지혜가 필요하다.

경제적 자유를 이루는 지혜는 첫째, 소득보다 적게 쓰고, 현명하게 투자하는 것이다. 소비를 줄이는 것이 가장 빠른 부자 되는 길이며 고정비를 낮추고, 저축과 투자를 생활하는 것이다.

우리가 은행에 저축할 때 저축이자율에 관심이 많은데 저축에서 가장 중요한 것은 원금을 증대시키는 것이다. 소비를 줄여서 원금을 증가시키는 것이 우선이고 그 다음에 이자율을 계상하는 것이다. 그리고 투자 수익을 극대화하기 위해 장기적인 관점에서 안정적인 투자를 해야 한다. 주식을 사고 팔 때도 멀리 내다보고 가치주를 매입하며 때를 기다려야 한다. 주식의 단타 매매나 선물옵션 투자는 위험요소가 크기 때문에 일반 사람이 하기에는 적합하지 않다.

둘째, 다양한 소득원 만드는 것이다. 월급에 의존하지 말고 부업과 안정적인 투자를 시도해 보는 것이다. 블로그, 유튜브, 전자책 출판을 통한 부업 그리고 배당주 투자, 임대 수입을 위해서 부동산에도 투자해 보는 것이다. 또한 부자들은 시간을 팔아 돈을 벌지 않고, 돈을 굴려 돈이 돈을 벌게 한다.

셋째, 빚을 다스려야 한다. 부채를 잘못 사용하면 가난을 가속화하지만, 좋은 부채는 레버리지 효과 즉 지렛대 효과를 통하여

함께 꿈꾸고 함께 행복하기

자산을 불리는 데 도움이 된다. 무분별한 소비성 대출은 피하고, 투자나 사업을 위한 생산적 부채는 잘 활용하면 행복한 부자가 되는데 유용하게 사용할 수 있다.

넷째, 행복한 부자가 되는 방법 중 하나가 좋아하는 일을 하면 서 돈을 버는 방법을 찾는 것이다. 단순히 돈을 벌기 위한 일이 아니라, 의미 있고 즐길 수 있는 일을 선택하면 삶이 더 행복해진 다. 좋아하는 분야의 전문가가 되려고 최선을 다하면 전문성이 행복한 부자가 되는 터전이 된다. 행복한 부자는 나누고 기부하 는데 정성을 쏟는다. 나누는 삶은 더 큰 만족감을 주며 시간, 재 능, 돈을 활용해 사회에 기여하면 기여할수록 삶의 의미가 깊어 진다. 기부나 봉사는 부를 지속적으로 늘리는 매우 긍정적인 마 음을 갖게 하여 더 행복한 부자가 될 수 있다.

다섯째, 행복한 부자는 평생 학습을 멈추지 않는다. 독서, 세미 나, 강의, 네트워크 활동 등을 통해 계속 학습하는 삶을 산다. 금 융 지식, 비즈니스 스킬, 인간관계 기술 등을 익히면 부와 행복을 동시에 얻을 수 있다. 그래서 행복한 부자들은 긍정적이고 성공 적인 사람들과 교류하면 자연스럽게 좋은 습관을 서로 공유하게 되며 부자들은 네트워크가 중요하다는 것을 알고, 성공한 사람들과 어울리려 노력한다.

여섯째, 행복한 부자가 되는 방법은 부자가 되기 위한 구체적인 목표와 실행계획을 세우고 즉시 행동한다. 언젠가 부자가 되고 싶다가 아니라, 5년 안에 1억 모으기, 월급 외 소득 100만 원 만들기 등 목표를 수치화하고 구체적인 실행 계획을 세워서 도전한다. 그리고 조급하지 않고 멀리 보고 차근차근 실행에 옮긴다.

일곱째, 행복한 부자는 마음의 풍요로움을 추구하며 감사 습관을 갖고 있다. 돈이 많아도 불행한 사람들은 끝없는 욕심에 사로잡혀 있다. 현재 가진 것에 자족하고 감사하는 습관이 필요하다. 그리고 일상의 작은 행복을 즐기고, 물질적 만족이 아닌 정신적 풍요를 우선시하면서 부자로 살아가기 때문에 행복한 삶을 살게 된다.

셋째, 행복한 부자의 사회적 책임

행복한 부자는 사회적으로 책임을 수행하는 사람이다. 단순히 개인적인 부와 행복을 누리는 것을 넘어, 이웃의 행복한 삶을 위해 사회와 공동체에 선한 영향력과 긍정 에너지를 공급하는 사람들이다. 행복한 부자는 경제적 책임이 있는데 정직하고 정확

함께 꿈꾸고 함께 행복하기

한 세금을 납부하여 사회와 국가에 기여해야 한다. 제1의 꿈을 꾸며 행복한 부자가 된 사람은 절대 탈세하지 않는다. 탈세하는 사람은 행복한 부자가 아니고 불행한 부자, 악한 부자이다. 그리고 기업을 운영하는 행복한 부자는 좋은 일자리를 창출하고, 직원들에게 공정한 보상을 제공해야 하며 정직하고 윤리적인 경영을 통해 부를 축적한다. 또한 절대로 불법적이거나 착취적인 방법을 사용하여 부자가 되려 하지 않는다.

행복한 부자는 사회적 책임을 수행하기 위하여 교육, 의료, 환경보호, 빈곤 퇴치 등의 사회적 문제 해결에 재정적 지원을 제공하며 지속 가능한 변화를 만들기 위해 사회적 기업이나 비영리단체를 후원한다. 또한 청년 창업가나 경제적 취약 계층에게 멘토링을 제공하여 경제적 자립을 돕는다. 행복한 부자는 환경적 책임도 있는데 지속 가능한 비즈니스 모델을 구축하고 환경 보호를 고려하는 투자를 한다.

마지막으로 행복한 부자는 사회적 책임을 수행하기 위해 자신의 기업이 소재한 지역과 자신이 살고 있는 지역사회와 협력하여 지역의 교육, 보건, 인프라 개선을 위한 프로젝트에 투자하며 자연재해나 위기 상황에서 기부나 자원봉사로 돕는다. 또한 행복한 부자는 자신의 지역에서 머무르지 않고 자신의 나라와 세계 나라 국민들의 행복한 삶을 위하여 투자하고 나눔을 실천한다.

결론적으로 행복한 부자의 사회적 책임을 느끼는 사람은 제1의 꿈을 이루며 사는 사람이다. 제1의 꿈을 이루는 일에 우리가 마음을 쏟고 노력해야 하는 이유는 우리와 이웃의 행복한 삶을 위하여 반드시 필요하기 때문이다.

제2장

제1의 꿈과
제2의 꿈의 만남

1.
흥자가 깨달은 꿈의 법칙

　흥자는 전 세계의 약 80억 인구 한 사람 한 사람이 너무도 소
중하다고 생각을 항상 생각하였다. 그리고 어떻게 하면 80억 인
구 한 생명 한 생명 이 땅에서 짧은 인생을 살아가는 동안 진정한
행복을 누리고 자신의 소명을 다하며, 사는 기쁨을 제공할 수 있
을까 늘 고민하였다. 그래서 흥자는 늘 새로운 세계를 동경하며
지금 살고 있는 세상에 대하여 아쉬움이 많았다. 수십 년을 이러
한 고민 가운데 살아온 흥자는 많은 스승을 만났고 많은 책을 읽
었고 많은 나라를 여행하였고 심지어는 이러한 고민을 해결하려
고 스스로 20일씩 물만 마시며 금식을 하며 산에 가서 기도를 하
기도 하였다. 결국 흥자는 수십 년 만에 새로운 원리를 발견하였
다. 이것이 바로 제1의 꿈의 원리와 제2의 꿈의 원리 즉 통전적
꿈의 원리를 터득하였다. 통전적 꿈의 원리는 이 지구상에 있는

　　　　　　　　　함께 꿈꾸고 함께 행복하기

모든 사람들에게 장애를 뛰어넘고 새로운 꿈과 희망을 가지고 능력 있게 살아가는 법칙을 제시하려고 한다. 진정한 꿈이 무엇인지 나눌 것인데 이 책에서 말하는 진정한 꿈은 지금까지 여러분이 알고 있었던 그러한 꿈의 개념이 아닌 완전히 새로운 개념이다.

홍자는 인생을 살면서 아주 가난하게도 살아보았으며 아주 부유하게도 살아보았다. 또 홍자는 사별의 아픔을 통하여 고난 속에 희망을 찾아내는 삶의 지혜도 얻게 되었다. 홍자는 인생의 수많은 고난의 경험을 통하여 어떻게 하면 사람이 현실을 직시하지만 현실에 매이지 않고 현실을 뛰어넘어서 행복하고 아름다운 삶을 살 수 있을까? 생각하다가 꿈의 법칙을 발견하게 되었다.

이 땅에 태어난 모든 사람은 행복하게 살 권리가 있다. 행복하게 살기 위해서 태어났다. 태어나자마자 인큐베이터로 들어가는 생명도 행복하게 살기 위해서 태어났다.
한국에서 지은 노래인데 "당신은 사랑 받기 위해 태어난 사람"이라는 노래가 있는데 그 가사를 보면 모든 사람은 사랑받기 위해 태어났다는 것이다. 그리고 지금도 그 사랑이 각 사람 삶 가운데 흐르고 있다는 것이다. 본인이 잘 인식하지 못해도 그 사랑은 그 사람 안에 흐르고 있으며 그 사람이 존재하는 것 자체가 창조주의 사랑이 흐르고 있는 증거라고 한다.

뇌성마비 장애인이든 손발이 없는 장애이든, 어떤 어려운 상황에 처에 있더라도 호흡이 있는 사람이면 그 사람은 사랑받기 위해 태어난 사람이고, 정말 소중한 생명이며 그 사람도 다른 이웃에게 꿈을 주며 사랑과 희망을 주고받을 수 있다.

정말 우리 인간에게 너무도 어울리는 노래이다. 기독교인이 만든 노래이지만 종교를 뛰어넘어서 그 노래를 많은 사람이 좋아하며 부르는 것을 보면 모든 사람은 행복하게 살 특권이 있는 것 같다. 이 책을 읽는 사람들은 자신의 잃어버린 꿈과 희망을 찾아 다시 일어서게 될 것이다. 처음부터 끝까지 이 책을 차근차근 읽으면서 홍자와 함께 삶의 여행을 떠나 보자. 나이가 들거나 너무 어려서 또는 눈이 안 좋은 사람들 즉 글을 읽을 수 없는 사람이 주위에 있다면 이 책을 바로 그 사람에게 당신이 소리 내어서 읽어 주면 된다.

한 번도 살아 보지 않은 새날 바로 오늘

오늘은 때 묻지 않은 바로 새날이다. 우리의 새날, 오늘은 우리

함께 꿈꾸고 함께 행복하기

가 직접 그려갈 수 있는 아름다운 날이다. 날씨가 구름이 끼었든지 비가 오든지 햇빛이 빛나든지 상관없이 오늘은 우리의 희망의 날이다. 오늘은 아무도 한 번도 살아 보지 않은 완전한 새로운 날이다.

지금 이 글을 보고 있는 우리 모두에게 신은 오늘이라는 신비함을 선물했다.

신이 우리 각 개인에게 선물한 선물꾸러미 오늘을 어느 누구도 빼앗을 수 없다.

나의 오늘은 나의 것이다. 지금 내가 처한 상황이 아무리 힘들고 사면이 막혀 있어도 나는 나의 오늘을 붙들고 일어서리라. 강한 폭풍아 억센 파도야 너는 나의 오늘을 무너뜨릴 수 없다. 나는 신발 끈을 단단히 묶고 나의 오늘과 함께 다시 일어선다.

앞이 보이지 않고 미래가 짙은 안개에 쌓여 있지만 결코 나는 나의 오늘을 포기할 수 없노라. 나는 승리하리라, 승리하리라, 승리의 노래를 부르리라. 나의 오늘이 나의 내일 되고 나의 오늘이 나의 모레 되고 나의 오늘이 나의 글피 되어 승리의 깃발을 꽂았다.

2.
불타는 야망과 새로운 인생

홍자는 본인의 야망에 사로잡혀서 거의 20여 년을 보내게 되었다. 기독교 집안에서 태어났고 항상 교회를 떠나지 않았고 주변 사람들에게 모범생이라는 소리는 들었지만 그 속에 숨겨진 성공의 야망, 즉 제2의 꿈을 이루려는 열망은 하늘 찌르고도 남을 정도였다. 대학교를 졸업하고 ROTC 장교로 임관을 한 이후에 특전사 공수부대에 지원하여 강한 훈련을 통하여 용감한 군사로 길러졌다. 비행기 공수 훈련 중에 사망할 위험도 몇 번 겪으면서 더욱 강한 용사로 성장하게 되었다. 특전사 중위로 전역을 한 후에 홍자 마음속에 불타는 성공에 대한 열망은 결국 홍자를 사법고시생으로 만들었다. K 자동차에서 잠시 영업사원으로 근무하다가 4년 동안 신림동 S 대에서 청강을 하며 열심히 고시 공부를 하였다. 홍자는 S 대에서 청강하면서 그곳에서 만난 친

함께 꿈꾸고 함께 행복하기

구들과 그룹 스터디를 해 가면서 자신감을 갖게 되었다. 이제 조금만 더 하면 합격할 수 있을 것 같았을 때 가족을 부양해야 하는 책임감에 더 이상 고시 공부를 할 수 없게 되어 직업을 선택해야 했다.

33세 아주 늦은 나이에 이제 직장을 선택하려 하니 친구들은 이미 대기업에서 대리로 진급을 하고 있을 때였다. 그러나 하나님은 홍자에게 성공을 맛볼 수 있는 기회를 주셨다. 당시에 외국계 보험회사에서 대기업 출신 사원들을 보험영업 사원으로 스카웃하는 흐름이 있을 때였다. 고시생이었던 홍자는 어렵게 입사를 하였다. 입사를 해서 동기들을 보니 모두들 전 직장이 훌륭했다. 홍자처럼 가망고객이 없는 사람은 하나도 없었다. 홍자의 가망고객은 신림동 고시촌에서 만난 사람들과 교회 선배들 몇 명이었다. 이러한 최악의 상황에서 홍자는 젖 먹던 힘까지 사용하면서 보험 영업에 집중하였다. 가망고객 한 분 한 분을 진심으로 상담하면서 탑 세일즈맨이 되었다. 보험 영업 6년 동안 수십억 원의 돈을 벌게 되었다. 그렇게 힘들다는 보험 영업 분야에서 세일즈 탑 1%에 들었고 미국계 P 사에서 기독 신우회를 처음으로 만들어 신우회 회장으로, 자원 봉사 클럽 회장으로 활동하였다. 수억 연봉 세일즈맨이 이웃 사랑을 실천하는 삶도 살고, 후배 세일즈맨들을 위하여 강의와 상담을 통하여 조건 없는 도움도 주는 선배가 되고 보니 사람들의 박수 소리에 취하게 되었고 점점 교만하게 되었다. 이렇게 돈을 많이 벌게 되자 명예욕이 발동하였다.

홍자가 명예욕으로 고민하고 있을 때 다른 외국계 경쟁회사에서 지점장으로 스카웃 제의가 와서 홍자는 많은 연봉을 뒤로하고 미국계 M 사의 지점장으로 자리를 옮기게 되었다. 홍자는 항상 크리스천인 것을 내세우며 활동을 하였다. 하지만 그 내면에 흐르고 있는 성공의 야망과 인정받으려는 욕구는 어쩔 수가 없었다. 홍자는 결국 지금 와서 생각해 보니 그때 신앙은 외식하는 바리새인 같은 믿음이었다는 것을 알게 되었다. 지점장을 하면서도 지점 이름을 창조의 지점으로 명명하고 창조주 하나님을 높인다고 떠들었지만 사실 홍자의 내면에 숨겨진 동기를 홍자 자신도 잘 인식하지 못하고 행동하는 큰 실수를 범하였다. 홍자는 지점장 생활 4년을 마치고 더 높은 성공을 위하여 창업을 하게 되었다. 부동산 마케팅과 개발 회사를 설립하여 첫해부터 좋은 성과를 내게 되었고 그 작은 성공에 취해서 너무 큰 사업에 돈을 투자했다가 결국 부도가 났다. 한동안 사람들이 부러워하는 삶을 살았다. 운전기사를 두고 파출부 아줌마를 두면서 해외여

함께 꿈꾸고 함께 행복하기

행을 1년에 수차례 다니고 골프도 열심히 치는 등 호화로운 삶을 살았지만 그 삶은 그리 오래가질 못했고 홍자에게 진짜 기쁨은 주지 못했다.

즉 늘 홍자의 마음속에 청년 때부터 고민했던 주제 즉 왜 사람들은 자신의 철학대로 살지 못하고 현실(돈, 체면, 이웃의 소리들, 인간관계)에 끌려가면서 살아야 할까? 또 다시 고민하기 시작할 무렵 무리한 사업 확장으로 수십억 원을 손실을 보는 사업 실패로 살던 집과 자동차 모두를 처분하고 아주 허름한 집으로 갑자기 이사를 하게 되었다. 홍자의 야망과 욕심을 들여다 볼 수 있는 사업이었다. 자본금 몇천만 원 회사가 종로3가 D 극장을 960억 원에 인수 계약을 하였다. TW(주) 대표이사이었던 홍자는 D사 공동주인 이씨 형제와 쌍방 계약을 하고 계약금 수십억을 일차로 지급을 했다. 그러나 중도금 잔금을 처리하는 과정에서 국제 금융사기를 당하고 만다. 준비되지 않은 욕심 많은 홍자는 쓰디쓴 잔을 마시게 된다. 이로 인해 주변 친척과 심지어 직원까지 피해를 주게 되었다. 정말 홍자는 죽고 싶었다. 한 가장의 야망과 욕심이 하루아침에 가정을 흔들어 버리고 말았다.

사라진 야망 속에 꽃피는 믿음

이때부터 홍자의 가정에 새로운 도전이 시작된다. 지금까지는 행복한 가정과 아름다운 미래를 위해 열심히 살았지만 현실에 끌려가며 살았는데 이제부터는 현실과 타협하지 않고 현실을 다스리며 믿음을 따라 창조주가 공급자이고 자신은 통로라는 철학대로 살아보자는 마음이 홍자에게 다가왔다. 그래서 그때부터 홍자는 절대로 돈을 벌기 위해 먼저 움직이지 않고 돈이 홍자에게 복종을 하도록 하면서 어렵게 살아가기 시작했다. 매우 부유하게 살아왔던 홍자 가족은 극심한 가난에 어려운 나날을 보냈지만 5명 가족은 한마음이 되어 서로의 마음의 힘을 길러 주며 성장하고 있었다.

홍자 가족의 그러한 삶을 이해하는 사람은 많지 않았다. 주변 친척들과 홍자의 지인들은 항상 홍자의 삶을 불안해하고, 불만스러워하며 도저히 이해하지 못했다. 하지만 홍자는 수년 동안 견디며 돈을 다스릴 능력을 키우고 있었다. 어느 날 중학생인 딸이 2만 5천 원짜리 옷을 사려고 결제를 클릭했는데 5분 전에 남송의 카드 값이 빠져나가서 결국 살 수가 없었다. 딸아, 괜찮니? 라고 묻는 홍자의 마음은 너무 아팠다. 이 무능한 아빠를 용서해 다오. 딸은 눈물을 흘리면서 '아빠, 괜찮아요.' 하면서 계속 홀

함께 꿈꾸고 함께 행복하기

쩍훌쩍거렸다. 사랑하는 딸에게 돈 몇만 원을 공급해 줄 수 없는 아빠의 심정 주님의 말씀에 순종하려고 인내하고 인내하였다. 특별히 홍자의 무리한 사업으로 인해 재정적으로 피해를 준 사람들에게 도저히 얼굴을 들 수가 없었다. 정말 홍자는 너무도 큰 잘못을 하였고 홍자의 야망과 욕심이 불러온 화였다. 특별히 채권자들에게 할 말도 없고 게다가 신용 불량자가 되어서 어떤 금융거래도 제대로 할 수가 없어 더욱 비즈니스를 할 수가 없었다. 홍자는 지금도 홍자의 탐욕으로 피해를 당하신 분들을 기억하며 하나님이 크게 축복해 주시기를 간절히 기도하고 있다.

3.
흥자 가정에 일어나는 기적들

    신용 불량자가 되어 그 어떤 것도 할 수 없는 상황이었지만 '이 때를 잘 지나면 좋은 날이 올 거야.'라는 기대감으로 미래를 준비하고 있었다. 그러던 중 어느 날 흥자는 기도를 하고 있었는데 그때 살고 있는 문정동 동네에서 빨리 떠나 과천으로 이사 가라는 생각이 들었다. 문정동에 살고 있는 집은 섬기고 있는 교회에서 마련해 준 집인데 돈도 없는데 교회를 떠나라는 것이다. 흥자가 떠나야 그 교회에 더욱 은혜가 넘친다는 것이다. 그래서 그 교회 담임 목사님에게 말씀드렸더니 절대 안 된다고 하셨다. 그런데 흥자는 하나님이 주신 마음에 순종하지 않을 수 없었다. 그래서 다시 그 목사님께 이 교회에 더 있고 싶은 마음이 매우 크고 또 이사 갈 돈도 없지만 그냥 주님 주신 마음에 순종할 뿐이라고 했다. 흥자는 그 목사님께 피해를 주지 않기 위해서 그 목사님의

함께 꿈꾸고 함께 행복하기

마음이 자연스럽게 움직일 때까지 기다렸다. 때가 되었는지 몇 개월 후에 그 목사님은 교회를 떠나도 좋겠다고 허락하셨다. 그 래서 이제 홍자네는 과천에 가서 이사 갈 집을 찾게 되었다. 홍 자네가 가지고 있는 돈의 전부는 400만 원이었는데 4,000만 원 보증금에 월세 120만 원 집을 계약했다. 참 무모한 결정이었지 만 홍자는 철저하게 하나님을 신뢰하였다. 무엇이든지 하나님의 감동이 있을 때만 움직이는 훈련을 하고 있었기 때문에 조금은 위험했지만 특별한 훈련 기간이라 생각하였다.

드디어 홍자네가 집을 이사하기로 결정해 놓고 이사 당일 이 되었는데 보증금 4,000만원 보증금 중에서 400만 원만 주고 3,600만 원이 없었다. 홍자는 주님을 온전히 신뢰하고 기도하고 있었다. 2011년 3월 1일 이슬비는 부슬부슬 내리고 돈은 없고 이 삿짐센터 사람들은 열심히 짐을 포장하고 있고 이제 문정동에서 과천으로 이사를 가야 하는데 돈이 없는 것이다. 그래서 다섯 식 구는 차 안에서 기도하기 시작했다. 주님이 이사를 가라는 마음 을 주셔서 준비했는데 돈이 없습니다. 주님 어떻게 할까요? 하고 기도하고 있었다.

다행히 홍자 가족은 이전에 수차례 예상치 않은 분들의 도움으로 재정 공급을 받아 본 경험이 있었기 때문에 주님을 신뢰하고 있었다. 드디어 전화벨이 울렸다. 누군가 후원을 한다는 전화인 줄 알았는데 부동산에서 걸려온 전화이었다. 몇 시에 잔금을 치룰 것이냐는 전화이었다. 또 전화벨이 울렸다. 이번에는 집주인이 잔금을 정한 시간에 주지 않으면 짐을 절대 집에 들일 수 없으니 명심하라는 전화이었다. 그러할 때를 진퇴양난이라는 것 같다. 또 전화벨이 울렸다. 이번에는 홍자의 친구이었다. 대학교에서 경제를 가르치는 교수인데 혹시 도울 일이 없냐고 그래서 왜 그러냐고 했더니 누군가에게 헌금을 하려고 1,000만 원을 가지고 있었는데 홍자에게 보내겠다는 것이다. 홍자는 친구에게 말했다. 교수가 무슨 돈이 있니, 다시 한번 생각해 보라고 했는데 그 친구는 주님이 주신 마음이니 받으라는 것이었다. 그렇게 1,000만 원이 공급되더니 나머지 잔금도 그 친구가 다른 분들에게 도움을 요청해서 모두 채워지게 되었다. 이렇게 해서 기적적으로 홍자의 마음에 주신 하나님의 계획대로 과천으로 이사를 하게 되었다.

하나님이 항상 모든 사람에게 신기한 기적으로 인도하는 것은 아니지만 당시 홍자네 가족에게 하나님의 특별한 보호하심과 이끄심이 필요한 시기이어서 그러한 기적을 맛보게 하셨다. 하나님의 신실함과 섬세한 인도를 경험한 홍자네 가족은 하나님에 대한 신뢰가 더욱 깊어져서 점점 두려움이 없어졌다. 홍자 가족은 오직 하나님을 기쁘게 하는 일에 온 마음을 쏟으며 살아가기로 결단하며 하루하루 주님의 은혜로 살아갔다.

4.
죽음의 아픔과 고통

홍자는 주님이 주신 믿음의 힘으로 인생을 능력 있게 헤쳐 나가고 있었다. 그러던 중 홍자 부부는 전혀 기대하지 않았던 어떤 분의 후원으로 약 2주간 미국 여행을 가게 되었다. 그 여행 중 아내의 몸이 좀 불편하여 다녀오자마자 병원에 가서 검진을 했는데 너무 충격적인 소식을 듣게 되었다. 이미 직장에 암이 발생하여 직장암 4기 진단을 받았다. 홍자네 가족은 현실에 타협하지 않고 쉬운 길을 마다하고 예수의 좁고 힘든 길을 끝까지 포기하지 않고 예수님이 주신 믿음을 가지고 감사하며 전진해 가고 있었는데 암이라는 불치병이 왔으니 이 얼마나 청천벽력의 소리인가?

병원에서 암 판정을 받고 집에 돌아오는 차 안에서 갑자기 회개의 울음을 터트리기 시작했다. 로마서 3장 23절 말씀 "모든 사람이 죄를 범하였으매 하나님의 영광에 이르지 못하더니"를 수차례 외치면서 회개하기 시작하였다. 로마서 말씀이 실제로 임하기 시작한 것이다. 차 안에서 얼마나 울면서 회개를 하던지 도저히 멈출 수가 없었다. 홍자도 함께 오열하며 회개했다. "하나님, 우리가 철저한 죄인입니다. 모든 사람은 하나님의 영광에 이를 수 없는 죄인입니다. 이렇게 하나님과 원수 되었던 우리를 불쌍히 여겨 주시고 하나님의 아들 예수 그리스도의 피를 통하여 속죄함 받게 해 주시고 이제 의롭다 해 주셔서 정말정말 감사합니다." 이렇게 한 시간 이상 통곡하고 기도하며 집에 도착하니 세 아이들이 집에 도착해 있었다.

홍자네는 기운을 차리고 다섯 명이 하나님께 예배하기 시작하였다. 너무 얼떨떨하고 이해할 수 없었지만 하나님께 예배하며 나아갔다. 하나님의 신실하시고 선하시고 완전하심을 찬양하기 시작하였다. "완전하신 나의 주의 길로 날 인도하소. 행하신 모든 일 주님의 영광 다 경배합니다. 예배합니다. 찬양합니다. 주님만 날 다스리소서. 예배합니다. 찬양합니다. 주님 홀로 높임 받으소서."

완전 눈물바다가 되었다. 아직 세 자녀들은 중학생, 고등학생이었는데 얼마나 무서웠고 겁났을까 생각하면 너무 마음이 아팠다. 일반적인 경우 사람이 암 판정을 받고나면 왜 하필 나냐? 왜 나에게 이러한 일이 일어났느냐? 하며 원망하고 부정하며 힘든 시간을 한참 보내고 난 후 시간이 지나면서 암을 받아들이게 된다는 것이다. 홍자네 가족도 처음에는 많이 힘들었지만 홍자 가족은 항상 주님께 예배하는 가족이어서 그러한지 생각보다 빠르게 평강을 찾았다. 암으로 투병하는 시간을 통하여 홍자 부부는 더 깊이 자신들의 내면을 깊이 볼 수 있었고 삶과 죽음의 참 의미도 깨닫게 되었다. 모든 사람은 죽음을 피할 수 없다. 그 죽음의 시기가 빨리 오느냐, 늦게 오느냐 차이 뿐 이라는 것을 알게 되었다. 그래서 살아있는 하루하루가 얼마나 소중하고 값진 것인지 잘 배우게 되었다. 그리고 살아 있을 때는 모든 사람을 용납하고, 이해하고 사랑하는 것이 제일 중요한 것이라는 것도 알게 되었다. 그녀는 암 발병 후 약 8개월 동안 자연치유 과정을 경험하며 평안하고 아름다운 죽음을 맞이하였다. 그녀의 장례식은 천상의 예배의 연속이었다. 그녀에 대한 사람의 평가는 "끝까지 믿음을 지킨 아벨 같은 선교사이었다."라고 하였다. 그래서 장례식에서 목사님이 선택한 설교 본문도 신약 성경 히브리서 11장 4절 "믿음으로 아벨은, 가인보다 더 훌륭한 제물을 하나님께 바쳤습니다. 이런 제물을 바침으로 말미암아 그는 의인이라는 증언을 받았으니, 하나님께서 그의 예물을 두고 증언하여 주신 것입니다. 그녀는 죽었지만, 그 믿음으로, 아직도 말하고 있습니다."

홍자는 그녀의 죽음을 통하여 하나님 나라 복음, 천국복음의 실제를 경험하게 되었다. 예수 생명이 죽음도, 사망도, 어떤 위험도 이기고 이 땅에서 하나님 나라, 천국으로 살게 하며 영원한 천국을 더욱 사모하게 하는 실제를 경험하게 된 것이다. 그녀의 장례식에는 슬픔이 변하여 하나님의 영광이 나타나고 생명의 기운이 넘치는 기쁨과 은혜의 장례식이었다. 홍자의 얼굴에 빛나는 하나님의 영광의 빛 때문에 몇 몇 사람들이 오해할 정도이었다. 왜 이렇게 얼굴이 빛나냐는 질문에 홍자는 쉽게 답할 수 없었다. 현실을 생각하면 너무 암담하고 앞이 깜깜했지만 하나님의 영광의 빛이 그 위에 임하였을 때 그 현실은 하나님의 통치 아래에 굴복할 수밖에 없었다. 물론 장례식이 끝나고 난 후 밀려오는 슬픔과 애도 기간 3년 동안 홍자는 엄청난 고난을 통과해야 했다.

이 시간을 통해 홍자는 중대한 질병이나 암이 사람에게 찾아올 때 어떻게 반응해야 하는지 성경 말씀을 통하여 자세히 알게 되었다. 중대한 질병이나 암에 걸렸을 때 병 낫기만을 기도할 때는 그 질병에 마음을 빼앗겨서 질병을 통하여 새롭게 말씀하시는 하나님의 음성을 놓칠 수 있다는 것도 알게 되었다. 목숨이 위태로운 상황 속에서도 마음의 평강을 잃지 않고 하나님의 뜻을 구할 수 있게 된 홍자는 하나님이 선물하신 큰 은혜의 믿음 때문이었다. 사람이 위기의 상황에 있을 때 주위에 어떤 사람이 함께 하느냐가 참 중요하다. 제1의 꿈을 이룬 균형 있는 사람이 옆에 있을 때 그 사람은 큰 복을 받은 것이다.

우리의 아름다운 오늘을 빼앗아서 망가뜨리려는 내부적 그리고 외부적 공격이 항상 있다. 공격인지 모르고 당하는 경우가 참 많다. 수많은 질병으로, 우울증으로, 인간관계의 어려움(배신, 사기, 무시당함 ,미움)으로, 돈으로 그리고 염려와 두려움으로 인하여 너무도 값진 오늘이 오늘로서 진가를 발휘하지 못하고 있다. 그런데 오늘이 오늘 되게 하기 위해서는 슬퍼하고 괴로워하는 시간도 필요하고 홀로 생각하는 시간도 필요하고 또 누군가 도움의 시간도 필요하다. 지금 처절하고 힘든 상황에 있다고 낙심할 것은 아니다. 제일 큰 문제는 낙심하여 인생을 포기해 버리려는 마음이 문제이다. 힘을 내서 지금을 잘 견디면 내일은 새로운 날이 된다.

함께 꿈꾸고 함께 행복하기

오늘을 잘 살면 내일도 잘살게 되고 모레, 글피도, 한 주, 한 달, 일 년, 이 년도 잘 살게 된다. 오늘은 우리에게 너무도 값진 선물이다. 그 선물꾸러미를 풀어서 한번 사용해 보는 것이다. 먼저 세상을 떠난 사람들이 그토록 살고 싶었던 오늘을 우리는 선물로 받았으니 그 사람들의 몫까지 잘 살면 된다.

흥자 가족에게 일어난 또 두 번의 기적

흥자는 그녀를 하늘나라로 파송하고 난 후 더 이상 경제 활동을 할 수가 없었고 그녀의 질병과 죽음을 통하여 하나님 나라 복음, 천국복음을 경험하게 되어 더 많은 사람에게 혼합된 복음이 아닌 천국복음을 증거하기 위하여 목사로서 교회를 개척하였다.

개척교회 목사는 대부분 아주 가난하게 살아가듯이 흥자와 세 자녀도 어렵게 살아가고 있었다. 그런데 어느 날 누군가로부터 전화가 왔다.

"안녕하세요! 흥자 님 요즘 무엇하며 지내세요?"

"아, 저는 천국복음 전도자로 살면서 교회를 개척했습니다."

"아, 그래요! 한번 뵙고 나눌 내용이 있어서 찾아뵙고 싶어요."

"네, 좋습니다."

이렇게 전화를 하고 찾아온 사람은 흥자가 P 보험회사 다닐 때 신우회 활동을 함께 했던 여직원이었다. 그녀에게 어느 날 기도 가운데 하나님이 이런 마음을 주셨다고 한다. 퇴직금의 십일조를 누구에게 할까요? 생각하며 기도하고 있었는데 갑자기 홍자가 떠올라서 이상하다 생각을 했다. 홍자는 비즈니스를 하는 사람이었는데 왜 그가 떠오를까 하면서 이상해서 돈을 그냥 통장에 1년 동안 입금시켜 놓고 기다렸다고 한다. 그런데 1년이 지나서 또 생각나게 해서 홍자를 찾아온 것이다.

그 여직원은 왜 하나님이 홍자에게 헌금을 하라고 했는지 알게 되었다. 홍자는 당시 전혀 수입이 없이 후원으로만 살고 있는 가난한 목회자이었으며 딱 돈이 필요한 시기이었다. 그래서 그 여직원은 2,000만 원을 홍자에게 헌금하고 갔다. 홍자 가족 4명이 당시에 너무도 어려운 경제 상황에 있었고 3자녀와 가족에게 기타 필요한 자금이 딱 2,000만 원이었는데 정확하게 하나님이 공급해 주셨다.

홍자는 늘 예수님이 말씀하신 산상수훈의 마태복음 6장 말씀 중 일부분이 충분히 이해가 되지 않았다. 공중의 새와 들의 백합화가 자라나고, 먹고 사는 것은 자연스러운 것이지 그것을 하나님이 공급하신 것이라고? 그러나 몇 번의 예상치 않은 재정 공급을 통하여 다음 말씀이 이해되기 시작하였다.

함께 꿈꾸고 함께 행복하기

"마태복음 6장 25. 그러므로 내가 너희에게 이르노니 목숨을 위하여 무엇을 먹을까, 무엇을 마실까, 몸을 위하여 무엇을 입을까 염려하지 말라. 목숨이 음식보다 중하지 아니하며 몸이 의복보다 중하지 아니하냐. 공중의 새를 보라. 심지도 않고 거두지도 않고 창고에 모아들이지도 아니하되 너희 하늘 아버지께서 기르시나니 너희는 이것들보다 귀하지 아니하냐. 너희 중에 누가 염려함으로 그 키를 한 자라도 더할 수 있겠느냐.

또 너희가 어찌 의복을 위하여 염려하느냐. 들의 백합화가 어떻게 자라는가 생각하여 보라. 수고도 아니하고 길쌈도 아니하느니라. 그러나 내가 너희에게 말하노니 솔로몬의 모든 영광으로도 입은 것이 이 꽃 하나만 같지 못하였느니라. 오늘 있다가 내일 아궁이에 던져지는 들풀도 하나님이 이렇게 입히시거든 하물며 너희일까 보냐. 믿음이 작은 자들아. 그러므로 염려하여 이르기를 무엇을 먹을까, 무엇을 마실까, 무엇을 입을까 하지 말라. 이는 다 이방인들이 구하는 것이라 너희 하늘 아버지께서 이 모든 것이 너희에게 있어야 할 줄을 아시느니라. 그런즉 너희는 먼저 그의 나라와 그의 의를 구하라. 그리하면 이 모든 것을 너희에게 더하시리라. 그러므로 내일 일을 위하여 염려하지 말라. 내일 일은 내일이 염려할 것이요 한 날의 괴로움은 그날로 족하니라."

홍자는 성경 말씀의 실제를 경험하면서 하나님에 대한 사랑과 신뢰가 더욱 깊어졌다.

홍자 가족에게 일어난 두 번째 기적은 충남 금산에 있는 기독교 SS 대안학교 교장 선생님과의 만남이다. 홍자는 사별로 인하여 갑작스럽게 세 아이들을 혼자 키워야 하는 상황이었다. 중학교 3학년 딸과 고등학교 3학년 둘째 아들 그리고 군에 간 큰아들, 세 자녀에게 엄마 역할까지 해야 했다. 정말 앞길이 막막했다. 그런데 기적이 일어난 것은 SS 학교 교장 선생님께서 아이들을 함께 키우자고 제안하신 것이다. 교장 선생님의 아내는 교감 선생님으로 SS 학교의 수많은 아이들을 교육하고, 양육하셨는데 우리 두 자녀, 둘째와 셋째에게 특별한 엄마 역할을 해 주셨다. 홍자는 SS학교의 도움이 없었다면 세 자녀를 도저히 돌볼 수가 없었을 것이다. 아이들의 학비는 장학금으로 지원해 주셔서 홍자는 아이들을 양육할 수가 있었다. 홍자는 지금도 SS학교의 교장 선생님과 교감 선생님의 헌신적인 사랑에 감사한 마음으로 큰 감명을 받으며 살아가고 있다.

5.
잃어버린 꿈을 찾아 주는
새로운 삶의 시작

제1의 꿈을 이루며 살아가는 홍자의 삶에 나타난 수많은 사건은 그를 더 깊은 믿음으로 이끄는 여정이었다. 지금의 상황이 좀 힘들고 어렵더라도 모든 것을 참 진리로 인도하는 과정으로 인식하면 새로운 희망을 찾게 된다. 사람들의 평가와 비판은 항상 좋을 수 없다. 사람들은 그 사람의 드러난 것 이상은 절대 알 수 없다.

모든 사람은 죽는 순간까지 자신의 믿음과 싸우게 되어 있다. 끊임없이 밀고 들어오는 세상의 욕심과 정욕을 쉽게 몰아낼 수 없다. 그런데 창조주를 인격적으로 만나서 제1의 꿈을 이루며 살아가는 사람은 점점 세상의 정욕에서 멀어져 가며 믿음으로 살아가는 기쁨을 누리며 살게 된다.

홍자는 수많은 어려움을 겪으면서 제1의 꿈을 이루며 살고 싶어서 2012년 5월 29일 목사 안수를 받고 2012년 7월 1일 서울 산상수훈 교회를 개척하여 천국복음 전도자로 살아가게 된다. 예수 그리스도를 자신의 메시야, 구세주, 자신의 인생의 주인으로 받아들인다는 사실, 즉 구원받았다. 거듭났다는 것이 얼마나 엄청난 사건인지 성경 말씀을 통해서 확인해 가며 홍자는 생명 걸고 복음을 전하게 된다. 진리가 너희를 자유롭게 하리라는 예수님 말씀이 홍자의 삶에 임하여서 홍자는 참 자유자로 살아가게 된다. 돈에도 매이지 않고, 내일에도 매이지 않고 완전히 예수 그리스도의 종으로 살아가는 기쁨을 누리며 살아가게 된다.

홍자의 복음의 열정으로 청년들은 점점 복음으로 성장하게 되고 마침내 광나루역에 있는 J 신학교에 들어가서 신학생들에게도 천국복음을 전하게 된다. 홍자는 J 신학교에 들어가서 성경공부 그룹을 만들어 가르치게 되었고 셋째 딸이 그 학교에 입학하게 되면서 딸과 함께 교회론 동아리를 만들어 학생들에게 로마서와 에베소서를 통하여 예수님이 전한 하나님 나라 복음, 천국복음과 영광스러운 교회 됨을 전하게 된다.

2016년에 시작된 동아리는 2025년 지금까지 잘 이어져 가고 있다. 홍자가 개척한 서울 산상수훈교회를 통하여 5년 동안 성

함께 꿈꾸고 함께 행복하기

장한 청년들이 이제 흩어질 때가 되어 각 지역 교회로 파송하고 홍자는 독일에 가서 독일의 발달 장애인을 만나고 독일 교회를 경험하게 된다. 독일의 발달 장애인들을 섬기면서 하나님 나라 복음으로 무장하면 언어가 다르고 여러 가지가 좀 부족하여도 마음으로 소통하며 성경말씀을 통하여 소통할 수 있다는 것을 알게 된다.

홍자는 독일의 루터 교회에 출석을 하면서 루터가 일으킨 종교개혁이 덜 마무리된 독일 루터교회가 여전히 전통과 종교에 갇혀 있는 것을 보면서 새로운 종교개혁의 필요성을 실감하고 한국으로 돌아오게 된다. 홍자는 한국으로 돌아와서 세계밀알연합 40주년 기념대회 총괄 사무처장을 맡아서 행사를 잘 마무리하고 밀알복지재단 경기지부장으로 일터를 옮겨 나눔 문화를 실천하게 된다. 여러 가지 직업이 있지만 이웃 사랑을 실천하고 사회약자와 장애인을 돕는 일을 직업으로 하게 된 것은 홍자에게 엄청난 축복이었다. 홍자는 밀알복지재단에서 사회복지사들과 함께 일하는 것을 너무 감사해하며 즐겁게 일하였다.

한편 사별 후 늘 힘든 세월을 지내며 살아온 홍자에게 또 예상치 않은 수많은 어려움이 찾아온다. 홍자의 조급하고 어리석은 선택으로 사람과의 관계에 어려움으로 자살까지 고민하게 되는 상황에 있기도 하고 재정적인 어려움은 항상 홍자 곁에 있었다. 인간관계의 어려움을 통하여 내면이 어느 정도 정리되고 있는 때에 홍자의 인생에 아름다운 인생 스토리가 펼쳐지는 사건이 일어난다. 그것은 바로 한 여인과의 새로운 만남이었다. 아름다운 천사가 나타난 것이다. 그녀는 조용하고 지혜로운 여인이었으며 사서 교사로 근무하고 있었다. 그녀는 병든 어머니를 돌보느라 거의 50여 년을 홀로 살아온 것이다. 하나님이 홍자의 제2의 인생을 위해서 새로운 배필로 준비해 놓은 최고의 선물이었다. 홍자는 자신의 아내를 천사처럼 존귀하게 여기며 두 사람은 하나님 나라 복음을 전하는 아름다운 부부로 성장해 가게 되었다. 홍자는 성격이 참 급하고 빠른 사람인데 지혜로운 그녀를 만나서 홍자는 점점 여유를 찾게 되고 느리게 살아가는 방법을 배우게 된다. 왜 창조주 하나님이 남자에게 여자를 주어서 믿음의 사람으로 세워 가는지 철저하게 배워 가는 아름다운 시간을 갖게 되었다. 결국 부부는 서로 죽는 연습, 자기를 부인하는 연습, 나보다 남을 더욱 존귀하게 여기는 연습, 내가 행복한 것보다 아내의 행복이 우선인 것을 배우게 하는 아름다운 스토리를 만드는 관계이다. 홍자는 주중에는 밀알복지재단 경기 지부장 일을 하면서 주말에는 경기도 화성에 있는 J 교회에서 발달 장애인 부

함께 꿈꾸고 함께 행복하기

서를 개척하게 되었다. 홍자에게 새로운 희망을 선물해 준 천사 같은 아내와 함께 비장애인과 장애인이 함께 살아가는 공동체, 베데 공동체를 설립하여 특별히 장애인 부모님들의 무거운 짐을 덜어 주는 일을 함께 하였다.

제3장

꿈이란 무엇인가?

1.

잃어버린 꿈을
찾아 나서는 사람들

꿈이란 무엇인가? 어떤 사람이 바라고 원하는 상태를 꿈이라고 한다. 그래서 꿈이 있는 사람은 인생을 참 기쁘고 재미있게 산다. 꿈은 우리에게 새로운 소망을 제공하며 열심히 살아가는 동력을 제공하기 때문에 어린 아이나 심지어 인생을 정리해야 하는 노인들에게도 꿈은 매우 중요하다. 아무리 힘든 상황에서도 내일에 대한 꿈과 희망이 있다면 그 상황을 감당할 수 있게 된다. 그래서 우리는 우리 안에 잃어버린 꿈을 찾아 나서야 한다. 어떤 힘든 상황에서도 절대로 포기하면 안 된다. 홍자는 자신의 꿈을 이루기 위해서 열심히 살아왔다. 그러나 홍자는 사업의 실패와 사별을 통하여 인생의 쉼표를 경험하는 시간을 갖게 되었다. 메트로놈 120 이상 포르테 시시모로 달려가다가 이제 쉼표를 통하여 안단테로 걷기 시작하였다.

함께 꿈꾸고 함께 행복하기

홍자는 그동안 자신의 이익만을 위해서 열심히 사업하고 노력한 삶을 정리하고 이웃에게 사랑을 실천하며 살기로 결정하였다. 자신의 행복한 삶을 최우선 순위에 두지 않고 이웃에게 사랑을 나누기 위해 특별한 삶을 살기 시작했었다. 홍자는 한때 수십억 원을 소유한 부자이기도 했고 사업에 실패도 경험하였다. 홍자는 당면한 문제를 해결하기에 급급하기보다 근본적인 질문들, 내가 누구이며, 나는 왜 돈을 벌어야 하고, 이웃에게 사랑을 나눈다는 것이 무엇인지, 과연 그럴 능력이 나에게 있는지 점검하며 수년 동안 준비를 했다. 그러한 과정 중에 수많은 어려움을 당하였지만 끝까지 인내하여 더 깊은 것을 깨닫게 되었다.

원래 모든 사람은 태어날 때 꿈을 가지고 태어난다. 나라마다 다르겠지만 대한민국에서는 아이가 태어난 지 만 1년이 되면 파티를 한다. 그때 일명 돌잡이라고 해서 그 아이가 장차 커서 무엇이 되면 좋겠는가 하는 실험을 한다. 아직 세상에 대해서 아무것도 모르는 아이는 자기 눈앞에 보이는 물건 하나를 아무거나 잡는다. 그 돌잡이를 위해 준비된 물품은 지폐, 청진기. 연필, 마이크, 법봉 등 이다.

그래서 아이가 그중에 하나를 잡으면 부모들과 손님들은 박수를 치면서 매우 신나한다. 지폐를 잡으면 큰 사업가, 청진기를 잡으면 유명한 의사, 연필을 잡으면 훌륭한 교수, 마이크를 잡으면 잘나가는 가수, 법봉을 잡으면 판사가 될 거라 하면서 꿈을 가진다. 물론 부모님들이 그 아이가 그것을 잡았다고 반드시 그 직업을 가질 것이라고 확신을 하지 않지만 모든 부모님들은 자기 아이들에 대한 아름다운 꿈이 있다.

함께 꿈꾸고 함께 행복하기

2.
가짜 꿈이 아닌
진짜 꿈인 제1의 꿈이란?

그런데 아이들과 부모들은 그 아이가 자라면서 현실에 부딪히면서 모두 꿈을 잃어버리고 아주 소수 사람들만 꿈을 가지고 도전하고 대부분은 현실 앞에서 이제 어떻게 하면 먹고살 것인가로 꿈이 작아지고 만다. 이렇게 현실이라는 벽으로 인하여 꿈을 잃어버린 사람들에게 새로운 희망의 메시지는 아직도 꿈을 꿀 수 있고 꿈을 이룰 수 있다는 것이다. 바로 그것은 당신에게 완전히 새로운 꿈이 오고 있다는 것이다. 지금까지 당신이 알고 있는 그 꿈 유명한 사업가, 의사, 판사, 가수, 교수, 부자가 되는 것보다 더 중요하고 가치 있는 그 꿈이 당신을 위해서 준비되어 있다는 것이다. 흥분되지 않는가? 지금까지 당신이 알지 못한 숨겨진 새로운 꿈이 당신을 위해서 준비되었다는데 말이다.

지금까지 당신이 알고 있는 것처럼 대부분 사람들이 희망과 꿈을 가지고 살아가지만 자신의 꿈을 이루었다고 생각하는 사람들이 많지 않다. 내가 대통령이 된다거나 국회의원, 교수, 의사, 판사, 변호사, 기업가, 목사, 유명한 작가, 유명한 예술가, 유명한 스포츠맨이 되면 꿈을 이루었다고 한다. 또 내가 원하는 집을 얻거나, 차를 사거나, 부자가 되면 꿈을 이루었다고 생각한다. 나는 이러한 꿈을 제2의 꿈이라고 말한다.

왜냐하면 많은 사람이 제2의 꿈을 위해서 열심히 살아간다. 아주 의미 있는 행동이다. 많은 사람들이 자기 스스로 최선을 다하고 또한 사회의 도움으로 제2의 꿈을 이루기도 하지만 또 많은 사람이 열심히 노력하지만 제2의 꿈을 이루지 못하고 낙심과 실망 속에서 하루하루를 버티며 살아가고 너무 힘든 사람들은 스스로 인생을 포기하기도 한다. 우리에게 살아갈 힘과 용기를 주는 측면에서는 제2의 꿈이 도움이 되기도 하고 또 그 꿈을 이루었을 때는 잠시이지만 큰 기쁨과 행복을 가져다준다. 하지만 제2의 꿈은 근본적인 기쁨과 행복을 가져오는데 부분적인 역할을 할 수밖에 없기 때문에 새로운 꿈, 진정한 꿈이 있다는 것을 인지하는 것이 매우 중요하다.

이 책에서 언급하고 있는 새로운 꿈, 진정한 꿈은 인간은 시간

함께 꿈꾸고 함께 행복하기

과 공간을 뛰어 넘을 수 없는 유한적 존재임을 인정하고 창조주
와 자연 앞에 겸손하게 자신을 내려놓고 한 생명 한 생명이 얼마
나 소중한 존재인지를 정확히 인지하고 모든 상황을 감사함으로
받으며 자신의 이익과 이웃의 이익을 항상 함께 추구하며 더불
어 살아가는 삶, 이것을 제1의 꿈이라고 말한다.

다시 한번 제1의 꿈을 세 가지로 정리하면 첫째, 인간이 창조
주 앞에서 유한적 존재임을 인정하고 모든 상황에 감사하며, 둘
째, 인간 한 생명 한 생명의 존귀함을 인정하고, 셋째, 이웃의 이
익과 자신의 이익을 항상 함께 추구하는 삶이다.

즉 제1의 꿈은 모든 인간은 사랑받기 위해 태어난 소중한 존
재라는 것을 인식하고 모든 활동에 있어서 항상 감사하는 마음
을 가지고 자신의 이익과 이웃의 이익을 함께 생각하며 활동하
는 마음의 상태에 이르는 것을 말한다. 이러한 마음의 상태가 지
속되고 그렇게 살고 있다면 그 사람은 제1의 꿈을 이룬 것이다.
제1의 꿈을 이룬 사람은 삶에 평화가 있다. 당장 제2의 꿈을 못
이루었다고 그렇게 슬퍼하지 않으며 항상 새롭게 도전하는 힘
을 소유하게 된다. 제1의 꿈을 가지고 살아갈 수 있다면 각 개인
에게 임한 평화가 가정에 임하고 일터에 임하면 사회가 변하고
지역이 변하고 국가가 변하고 인류가 변한다. 자신이 이익만을

추구하게 만드는 자본주의 단점을 뛰어 넘어 항상 더불어 살아가야 한다는 문화가 전 인류 가운데 강하게 인식될 때 화폐전쟁과 힘의 전쟁이 점점 사라지게 될 것이다. 그래서 각 나라 국민들은 정치 지도자나 리더들을 선출할 때 제1의 꿈을 완전히 인식하고 수십 년 그렇게 살아 온 사람을 그들의 리더로 선출해야 나라의 장기적 평화와 안녕을 통하여 백성들이 자신의 꿈을 이룰 수 있다.

함께 꿈꾸고 함께 행복하기

3.
제1의 꿈을 이루어가는 사람들과
방법들

　이미 제1의 꿈을 이룬 사람은 그 만큼 삶에 평화와 힘이 생긴다. 제1의 꿈을 이룬 사람이 하는 모든 활동에는 평화와 따스한 사랑이 묻어 나온다. 제1의 꿈을 이룬 사업가는 물건을 만들어 팔더라고 돈을 버는 것이 우선순위가 아니고 본인이 만들어 파는 이 제품이 사회에 더 좋은 가치를 만들어 내는가가 우선순위이기 때문에 여유 있는 평화 사업가로서 인생을 살게 된다. 사업가뿐만 아니라 버스 운전을 하는 기사일지라도 제1의 꿈을 인지하고 그것을 위해 살아가는 운전사는 먹고 살기 위해 시작한 운전이었지만 이제는 버스 승객들의 안전과 그들의 편리한 이용을 돕는 마음으로 운전하기 때문에 일이 즐거울 수밖에 없으며 동료 기사들에게도 더 양보하며 그들의 힘든 일을 먼저 섬겨 주기 때문에 가치 있는 삶을 살게 된다.

홍자가 알고 있는 금산에 있는 어떤 대안학교 교장 선생님은 제1의 꿈을 이루신 분인데 제2의 꿈도 이루어 가고 있다. 그분은 학교를 시작할 때 학생 3명을 데리고 그 세 아이에게 온 정성을 쏟았다. 어떤 자신의 유익이 아닌 더 이상 교육이 먹고 살기 위한 교육이 되면 안 되며 진정한 인성과 사회에 높은 가치를 창조해 내는 훌륭한 학생들을 키워야 한다는 생각에 50대 중반의 나이에 대안학교를 시작하였다. 이웃을 먼저 섬기는 마음으로 시작한 대안학교는 3명에서 이제 170여 명 학교가 되었으며 그 학생들의 동생 이름, 부모님 이름까지 약 3,000명의 사람 이름과 얼굴을 모두 기억하고 계실 정도로 한 영혼 영혼에 대한 깊은 사랑을 가지고 사명을 감당하고 계신다. 이 교장 선생님은 제1의 꿈을 이루고 살아가시니 항상 여유 있고 자유롭고 70대 후반의 나이임에도 불구하고 10대 청소년과 깊은 소통을 하며 살아가신다.

제2의 꿈을 이루기 위해서 계획을 세우고 전략을 작성하여 목표를 향하여 노력하듯이 제1의 꿈을 이루기 위해서도 계획과 전략 그리고 행동 지침이 필요하다. 제2의 꿈을 이루기 위해서 사람들은 정말 열심히 노력하지만 제1의 꿈을 이루기 위해서는 노력을 많이 하지 않는다. 지금 인류는 계속 발전을 거듭하며 더 편리하고 살기 좋은 세상으로 나아가고 있다. 그로 인하여 인간

함께 꿈꾸고 함께 행복하기

수명도 점점 늘어서 이제 90살, 100살까지 사는 사람이 늘어나고 있다. 이렇게 긴 인생을 행복하게 살아가기 위해서 많은 사람이 노후를 준비한다. 그런데 노후 준비의 대부분은 경제와 건강에 초점이 맞추어져 있다. 물론 경제와 건강이 행복한 노후를 위해서 매우 중요하다. 그런데 더 중요한 것은 제1의 꿈을 이루는 것이다. 젊어서부터 제1의 꿈을 이룬 사람은 그렇지 못한 사람보다 훨씬 행복한 노후를 살게 되어 있다. 그래서 사회에서는 일반 사람들이 제1의 꿈을 인식하고 그 꿈을 이루도록 돕는 사회 구조가 필요하다.

그동안 민주주의와 자본주의 발달에 힘입어서 많은 나라 사람들이 자유를 누리고 있다. 물론 지금도 수십억 인구들이 기아와 물 부족으로 어려움을 경험하고 있지만 이것은 여유 있는 나라들에게 제1의 꿈을 이룰 수 있은 기회를 제공한 것이다. 경제적으로 부유한 나라는 가난한 나라를 돕는 것을 통하여 더 큰 복을 받게 되며 그 부유한 나라 백성들에게 제1의 꿈을 품을 수 있는 참 좋은 기회를 제공하게 되기 때문에 서로 유익이 된다.

제1의 꿈의 원리가 전 세계 사람들의 생각과 마음에 심겨져 이 꿈을 이룬다면 인류는 어려움을 함께 극복해 갈 수 있다. 개인

뿐 아니라 나라들도 자기 나라만 살겠다고 자기 나라의 제2의 꿈만 이루겠다고 하는 것은 궁극적인 행복을 제공하지 못한다. 각 나라들도 제1의 꿈을 이루어 이웃과 더불어 살아가는 것이 궁극적인 행복의 나라를 만드는 것을 깨달아야 한다. 그런데 지금 전 세계는 경제적 어려움으로 인하여 자국 보호주의에 점점 집중하려는 경향이 있는데 이것은 단기적 처방임에 틀림없다. 좀 더 거시적이고 장기적인 시야를 가지고 각 나라가 서로 이익을 존중하며 자국의 보호에만 치중할 것이 아니라 상대 나라에 대해서 항상 배려하는 생각을 가지고 나라를 운영해야 한다.

각 시대에 각 나라의 리더가 되는 사람은 특별하게 신이 그 나라 사람을 섬기라고 기회를 준 것이다. 각 나라 백성은 어떤 리더를 만나느냐에 따라서 삶에 많은 영향을 받는다. 선진국과 후진국의 차이는 사실 그 나라 리더의 차이이다. 물론 그 나라 국민들의 수준이 그 나라 리더를 결정하지만 후진국에서 선진국으로 가는 과정에 대부분 나라들은 리더들의 전쟁을 경험하게 된다. 대한민국도 50년 만에 엄청난 성공을 경험하고 선진국의 대열에 들어가고 있지만 수많은 리더들의 전쟁을 경험하며 고래 싸움에 새우 등이 터지는 경험을 많이 하였다. 심지어 광주 민주화 운동이라는 엄청난 값을 치루며 리더 자리를 차지하려는 욕망의 리더들로 인하여 수많은 귀한 젊은이들이 목숨을 잃고 말았다.

또 대한민국은 현직 대통령이 비상계엄을 선포해서 나라가 아주 어지러운 상태를 경험하고 있다. 리더가 얼마나 중요한지 대한민국과 모든 세계가 경험하고 있다. 지금 전쟁 중인 나라들이 곳곳에 있는데 러시아와 우크라이나, 이스라엘과 팔레스타인, 또 내전을 겪고 있는 나라 모두 리더들 때문이다.

각 나라 국민들은 미리 미리 학습하고 노력하여 욕망의 리더들이 각 나라의 리더가 되지 않도록 특별히 깨어 있어야 한다. 소수 사람들이 자신의 욕망을 채우기 위하여 욕망 있는 리더 등극을 옹호하여 결국 장기적으로 모두 멸망하는 것을 보게 된다. 지금 북한의 리더들은 전 세계가 낳은 산물이다. 자기 나라만 살겠다고 열심히 노력하는 사이에 북한 리더도 자기들의 기득권을 유지하고 살아 보겠다고 노력하였으며 어떤 나라 리더들은 자신의 이익을 위해 북한 리더에게 머리를 숙이고 불법에 박수를 보내고 하였다. 지금 대한민국도 북한 주민의 처절한 고통에 책임이 있다. 각 리더들이 진정으로 북한 주민을 위하는 순수한 마음으로 북한을 대하지 못하고 리더 자리를 지키기 위한 방편으로 북한의 리더를 상대하는 바람에 북한 리더들의 욕망이 더 거세

지고 있다.

제1의 꿈을 가진 사람은 진리와 정의에 대해서 절대로 타협하지 않는다. 자신의 이익을 먼저 생각하지 않기 때문에 상대방의 악한 행동이나 정의롭지 못한 행동에 대해서는 절대로 타협하지 않고 그들이 돌아서도록 돕는다. 제1의 꿈을 이룬 사람은 타인을 자기이익의 도구로 절대 삼지 않는다. 만약 타인에게 피해를 주면서 자신의 이익을 취한 사람은 아직 제1의 꿈을 이루지 못한 사람이거나 또는 이루었다가 다시 실패한 사람이다.

사람들은 경제가 발달하고 부자가 되면 행복할 것이라 생각하지만 절대로 그렇지 않다. 지금 선진국이라고 하는 나라를 보면 더 심각한 정신적 질병, 신종 육체적 질병과 자살로 많은 사람이 목숨을 일찍 잃고 만다. 경제 성장은 반드시 정신적 성장과 함께 가야 한다. 생각과 마음의 힘을 기르지 않고 부자가 되면 더 불행해진다. 그래서 반드시 제1의 꿈과 제2의 꿈은 함께 가야 한다. 물론 인류 역사에서 전쟁과 기근 그리고 폭력, 음란, 가난의 문제가 없는 시대는 없었다. 하지만 먼저 깨달은 선각자들이 제1의 꿈을 이루며 살아가면 점점 사회는 희망 나라로 나아갈 수 있다. 이 세상이 더 아름다워지려면 제1의 꿈을 이루도록 개인,

함께 꿈꾸고 함께 행복하기

가정, 학교, 종교, 일터, 사회에 새로운 바람이 일어나야 한다.

우리는 치열한 경쟁 속에서도 서로 꿈을 이룰 수 있도록 도울 수 있다. 스포츠 경기에서 1등은 한 자리이기 때문에 서로 일등을 하려고 목숨을 건다. 그리고 그래야만 경기가 재미있고 경기가 된다. 그런데 그 경기에서 졌다고 꿈을 못 이루고 실패한 것인가? 아니다. 또 다시 시작하면 되고 그 경기에서 진 사람은 이긴 사람의 꿈을 이루는데 기여했기 때문에 패자에게도 기쁨이 있고 꿈을 이루기 위해 다시 도전하는 새로운 기회가 있는 것이다. 그래서 우리는 서로에게 박수를 보낼 수 있다.

제1의 꿈과 제2의 꿈의 만남

진정한 꿈은 자신의 소중함, 이웃의 소중함을 인식하고 이웃에게 유익이 되는 가치를 제공해 주는 것이다. 이러한 진정한 꿈을 이루어 가면 내가 원하는 것(명성·부·건강) 즉 제2의 꿈을 이룰 수 있는 힘과 능력을 더 소유하게 된다.

홍자는 다시 한번 제1의 꿈과 제2의 꿈의 연관성을 생각하기 시작하였다.

꿈은 이루어진다. 반드시 꿈은 이루어진다. 꿈은 잘 이루어지지 않는다고 생각하고 포기하게 하는 것은 우리 안의 진정한 내면의 소리가 아니고 외부 환경의 소리이다. 우리 내면에 잠들어 있는 그 능력을 깨워서 한 걸음 한 걸음 전진하면 꿈은 반드시 이루어진다. 제1의 꿈과 제 2의 꿈은 서로 매우 밀접한 연관이 있다. 모든 사람이 제2의 꿈을 본인이 원하는 시기에 모두 이룰 수 있는 것이 아니다. 때로 우리는 다른 사람이 제2의 꿈을 이루는 것을 돕다가 나의 제2의 꿈은 못 이루고 인생을 마감할 수도 있다.

하지만 제2의 꿈을 못 이루었다고 해서 성공적인 인생을 살지 못했다고 말할 수 없다. 진정한 꿈은 제1의 꿈이며 그것이 성공적이고 행복한 인생으로 인도한다. 제1의 꿈을 이루어 가는 사람은 제2의 꿈을 이루기 위해서 최선을 다하지만 설령 그 시기에 본인이 원하는 제2의 꿈이 이루어지지 않았더라고 곧 다시 일어나 새롭게 전진한다. 제2의 꿈을 이룬 세계적인 피겨스케이터 김연아의 삶을 잠깐 보자. 그녀는 제2의 꿈을 이루기 위해 아주 어릴 때부터 피나는 훈련을 했다. 결국 세계적인 선수로 많은 사람에게 사랑을 받으며 제2의 꿈을 이루었다. 그런데 김연아 선수에게도 진정한 꿈은 제1의 꿈이다. 즉 모든 상황에 감사하는 마음으로 이웃의 행복한 삶을 위해서 노력하는 삶을 살지 않는다면 한번 성공한 제2의 꿈의 달콤함에 빠져서 진정한 행복한 인

함께 꿈꾸고 함께 행복하기

생을 사는 데 어려움을 겪게 될 수 있다. 왜냐하면 김연아 선수는 세월이 지나면 사람들의 기억 속에서 잊힐 수밖에 없다. 왜 성공한 수많은 연예인들이나 유명인들이 개인의 삶에서 실패하는가? 그것은 제2의 꿈을 이루는 데만 집중했고 더 중요한 제1의 꿈을 이루는데 힘을 집중하여 사용하지 않았기 때문이다. 제2의 꿈이 전부라고 생각했기 때문에 본인이 한번 이루어 놓은 명예와 부를 붙들고 살아가는 것이다.

그런데 제2의 꿈의 열매의 달콤함은 그리 오래가지 못한다. 꼭 유명 스포츠인이나 연예인뿐 아니라 자기가 원하는 직업을 이룬 사람도(국회의원, 의사, 판사, 성직자) 그것은 제2의 꿈이기 때문에 자기가 이룬 그것의 달콤함에 취해 있으면 더 풍성하고 행복한 삶을 살기가 어렵다. 그래서 우리는 매일매일 제1의 꿈을 이루어 가는 데 더 집중하고 노력하면서 보람을 느끼며 살아가야 한다.

제2의 꿈을 이룬 메이저리그 출신 박찬호 선수는 제1의 꿈의 원리를 실천하고 있다. 박찬호 선수에 대한 평가를 글에서 읽게 되었는데 박찬호를 좋아하는 팬들은 그의 인격과 겸손함을 칭찬한다. 경기 중 후배 투수들의 실수로 자신이 이겨 놓은 경기를 날려도 밝은 표정을 잃지 않고 오히려 후배들을 격려하며 수많은 실패를 경험해야 좋은 투수가 될 수 있다고 말하곤 한다.

박찬호 선수는 저자가 제공한 제1의 꿈의 원리를 이해하고 이러한 삶을 사는지 알 수는 없지만 그는 진정한 꿈이 무엇인지 알고 진정한 성공이 무엇인지 알아가고 있다. 스포츠 한국 기자가 위 기사에서 언급한 "인격"이 바로 제1의 꿈의 원리를 이루는 데 매우 중요한 요소이다. 그런데 제1의 꿈을 이루어 가는 사람은 제2의 꿈을 이룰 확률이 훨씬 크다. 왜냐하면 제2의 꿈을 이루는 데 필요한 요소 중 하나가 심력이다. 마음의 힘이 큰 사람이 똑같은 상황에서 경쟁자에게 이길 확률이 훨씬 크다. 운동경기나 학문이나 시험이나 모든 기회에 있어서 심력이 매우 중요하다.

제1의 꿈을 교육하는 사람들

홍자는 생각하였다. 그럼 제1의 꿈을 이루기 위한 교육은 언제부터 시작할 것인가?

태아 때부터 해야 한다. 사실 태아는 엄마의 자궁 안에 있으면서 이미 본인이 도움을 받고 있다. 이 땅에 태어난 사람 중에 다른 사람 도움 없이 태어난 사람은 한 명도 없다. 엄마의 뱃속에서 10개월간 세상을 나갈 준비를 하는 것이다. 사람은 사람의 도움을 받으면서 성장을 한다. 다른 인생인 선진들이 노력해 놓은 터 위에서 성장하여 스스로 세상을 살아가게 된다. 그래서 본인 스스로 살아갈 수 있게 되는데 이것은 다른 사람의 도움이 있었기 때문에 스스로 뭔가를 할 수 있게 되는 것이다.

본인도 다른 사람의 도움으로 성장하고 성공했기 때문에 반드시 다른 사람의 유익을 위해서 살아가야 더 행복한 삶이 주어진다. 그런데 이러한 아름다운 질서를 깨뜨려서 자신의 이익만 추구하게 만들어 버린 사회가 지금의 자본주의 단점 중에 하나이다. 우리는 이러한 자본주의가 발달된 사회의 단점 즉 사람보다 자본이 우선되는 사회를 다시 사람이 우선이고 자본이 사람을 먼저 섬기는 구조를 만들어야 한다. 바로 제1의 꿈의 원리는 바로 사람이 우선이고 돈과 자본은 사람을 존귀하게 만드는 도구라는 것이다. 지금 태어나는 아이부터 차근차근 교육하고 지금 자라나는 청소년을 교육하고 그러한 사회 구조를 만들면 사람이 중심이 되고 돈과 자본이 섬기는 세상을 만들 수 있다. 나의 유익만을 먼저 생각하는 삶은 지금 자기가 먹을 것이 풍족해도 더 많은 것을 축적하고 더욱 자기의 편안한 삶을 추구하기 때문에 사람 중심의 삶을 살 수가 없다.

다른 사람의 유익과 자기 유익을 함께 생각하면 돈과 자본 중심의 사회가 아닌 사람 중심 사회를 만들 수 있다. 이를테면 장난감 하나를 만들더라도 돈을 벌기 위해서가 아니라 그것을 가지고 노는 아이들을 생각하면서 만들면 그 회사가 처음에는 어렵지만 점점 사회에서 신뢰를 얻으면 지속 가능한 탄탄한 회사가 되는 것이다. 아이들을 생각하면서 장난감을 만들다 보니 당장은 회사 운영에 어려움을 겪더라도 그렇게 버티면 그렇지 않은 회사들이 오래가지 않기 때문에 반드시 성공적인 회사를 만들 수 있다.

청년들이 취업을 앞두고 일자리가 부족하기 때문에 서로 취업을 하려고 경쟁을 한다. 대학을 졸업하고 첫 직장을 선택하려는 젊은이에게 자신의 철학이 아닌 사회에서 강요된 구조에 의해 첫 직장을 선택해야 하는 사회구조는 젊은이들의 꿈을 잃게 만든다.

20대~30대 젊은 시절에는 직업을 통하여 인생의 값진 기회를 찾을 수 있는 참 좋은 시기이다. 기술이 발달하고 자본주의가 심화되면서 점점 자본이 독점적 지위를 가지고 인간을 다스리려고 하기 때문에 부는 더욱 소수에 편중된다. 일을 돈을 벌고 먹고살기 위한 수단으로써만 생각하다 보면 경쟁은 더욱 심해지고 이웃을 사랑하고 생각하는 마음은 점점 약해지기 때문에 인생이 더 힘들어지곤 한다.

나의 조국 대한민국뿐 아니라 기술이 발달하고 금융 자본이 발달한 선진국에 사는 젊은이들이 인생을 멀리 보지 못하고 단기적 상황에 따라 의사결정을 하게 하는 구조 속에 점점 빠져들고 있다. 지금 한참 자본주의를 통하여 급성장하고 있는 중국의 젊은이들도 가치 있고 의미 있는 일을 선택하며 인생을 멀리 보기보다는 빨리 돈을 벌수 있는 일이 무엇인지 찾는 것에 마음을 빼앗길 수 있는 위험이 매우 큰 상황이다.

이러한 위험으로부터 청년들을 보호하고 꿈을 갖게 하기 위해서는 이들에게 제1의 꿈을 통하여 마음의 힘을 기르게 하여 현실과 타협하지 않고 가치 있고 의미 있는 일을 추구하게 하는 것이다. 또 제1의 꿈을 통하여 자신의 이익과 이웃의 이익을 함께 추구하며 더불어 살아가는 삶이 가장 행복한 삶임을 알게 하여야 한다. 직업을 찾는 청년들이 조건이 좋고, 급여와 복지 혜택이 좋은 회사에 사람들이 몰리는 것이 일반적인데 이제 제1의 꿈의 원리를 이해하고 살아가는 청년은 사회에 가치 있고 의미 있는 열매를 제공하는 회사를 선택하고 당장 더 나은 연봉을 선택하기보다 본인의 도움이 필요하고 더 배울 수 있는 기업을 선택한다. 그 선택이 처음에는 불안해 보이지만 몇 년 후에는 그 기업을 선택한 청년이 훨씬 성장해 있으며 좋은 기회를 갖게 될 것이다.

제1의 꿈을 이루는 방법들

제1의 꿈을 이루려면 무엇보다 좋은 생각의 힘과 아름다운 마음의 힘을 길러야 한다. 좋은 생각의 힘과 아름다운 마음의 힘을 기르는 것은 하루아침에 이루어지지 않는다. 바로 지금부터 시작해야 한다. 뭔가 일이 안 풀리고 인간관계가 불편하거나, 늘 돈에 쫓기는 사람들, 또 삶의 의욕을 잃어버린 사람들도 다시 시작하면 된다. 문제가 있을 때 그 문제를 풀려고 너무 그 문제에 집중하면 그 문제 때문에 정답이 안 보이는 경우가 많다. 그래서 문제가 발생했을 때는 제일 먼저 문제가 무엇인지 현상을 하나하나 자세히 적어 본다. 그리고 나서 내가 해결할 수 있는 것과 해결할 수 없는 것을 적어 본다. 내가 해결할 수 없는 것은 누구에게 부탁할 것인가? 아니면 해결될 때까지 기다릴 것인가?를 적어 본다. 많은 문제는 시간이 해결해 주는 경우가 매우 많다. 우리의 서두름으로 인하여 문제를 해결하지 못하고 실패한 경우가 참 많다.

자녀를 기르는 부모님은 아이가 어리면 어릴수록 교육 효과가 나타나기 때문에 복잡한 세상 구조를 접하기 전에 좋은 생각과 아름다운 마음의 힘을 기를 수 있도록 양육하는 것이 매우 중요하다. 생각과 마음을 힘을 기르려면 제일 먼저 나는 누구이며 사람은 누구인가?를 정확히 아는 자신의 정체성이 매우 중요하다. 나는 누구인가?라고 누군가 질문하면 처음 떠오르는 생각이 무엇인가? 아마 대부분 비즈니스맨, 교사 등 직업을 떠올리고, 또 자기가 소유하고 있는 무언가로 자신을 입증하고 싶을 것이다. 두 번째로 남편, 아내 그리고 아버지, 어머니 세 번째로 부모님의 아들, 딸을 떠올릴 것이다. 이렇듯 우리는 사회와 사람의 관계 속에서 자신이 누구인지 발견하게 되는 사회적 인간이다.

그런데 더욱 중요한 것은 이러한 환경에 상관없이 흔들리지 않는 자신의 소중함에 대한 신념이 매우 중요하다. 어떤 환경을 조건으로 자신의 존재감을 인식하면 그러한 조건이 불안할 때 이를테면 직업을 잃었거나, 명예를 잃었을 때 또는 부부관계의 불균형 부모와의 관계의 불균형이 있을 때 자신의 소중한 존재감을 부정하게 된다. 사회와 사람과의 관계 속에서 자신의 소중함을 인식하는 것이 중요하다. 먼저는 자신이 살아 있다는 존재 자체로 소중한 사람임을 기억하는 것이다.

첫째 이 지구는 오로지 그 한 사람을 위해 움직인다. 즉 이 지구는 그 한 사람을 위해서 존재한다. 태양은 그 한 사람을 위해서 필요하며 모든 산소도 바로 그 한 사람을 위해서 필요하다. 한 사람이 살아가는데 지구와 태양이 없으면 몇 초도 살지 못한다. 그렇게 한 사람, 한 사람이 중요하다. 약 80억 인구 한 명, 한 명은 모두 DNA가 다르며 한 사람, 한 사람 손가락 지문이 모두 다르듯이 한 사람은 너무도 소중하다.

그 사람이 장애 있든지 없든지, 능력이 있든지 없든지, 그리고 부자이든지 가난하든지 또한 대통령이 이든지 산골짜기 소년이든지 한 사람으로서 이 지구를 존재하게 한 특별한 사람이다. 이러한 인식이 세계 정책적 리더들에게 명확한 신념으로 존재한다면 세계를 평화로 이끌어야 한다는 책무가 중요함을 더욱 느끼게 될 것이다.

즉 자기 자신과 자신의 기업, 자신의 민족, 자신의 국가 이익을 위해 다른 사람에게 어떤 손해도 발생시켜서는 안 되는 이유

함께 꿈꾸고 함께 행복하기

가 바로 지구상에 있는 한 사람 한 사람의 소중함이다. 그래서 절대로 이 지구에서 전쟁은 일어나면 안 되는 것이다. 지금 세계에서 일어나고 있는 분쟁과 전쟁은 탐욕스런 욕망의 결과이다. 다른 사람의 소중함을 망각하고 자신의 현실적인 이익과 자신의 기업, 주주, 민족, 국가 이익을 위해서 누군가에게 피해를 주면서 어떤 이익을 취한다면 그것은 결코 올바른 행동이 아니며 전 지구적으로 생각할 때 또 다른 피해를 발생시키는 것이다.

창조주가 이 세상을 창조할 때 현재 약 80억의 지금 인구뿐만 아니라 앞으로 100억 인구도 먹고살 수 있는 자원을 공급해 주는 계획이 있었다. 그런데 자원을 서로 나누고 어려운 개인, 이웃, 민족, 국가들이 서로 도우면서 살아가지 않고 탐욕적인 행동으로 인하여 불균형이 오게 되고 이로 인하여 자신의 소중한 정체성에 공격을 받다보니 사람들이 더욱 이기적으로 변해 버리고 만다.

인류의 역사를 보면 항상 분쟁과 전쟁은 있어 왔고 또 있을 것이다. 하지만 우리는 건강한 정체성을 가지고 다른 사람의 소중한 정체성을 존귀하게 여기는 리더가 너무 필요한 시대에 살고 있다. 특별히 각 나라 리더 그룹들이 한 사람의 소중함을 인식하고 행동하는 것이 너무 중요하다. 의사라는 직업은 사회의 봉사적인 의미가 있는 즉 한 생명, 한 생명의 소중함을 가장 잘 인식하고 행동해야 하는 직업인데 자본주의 단점인 돈 중심 사고로 의료행위를 하다 보면 사람의 소중함을 생각할 여유가 없다. 결국 그렇게 행동하는 의사도 자신의 소중함을 돈과 바꾸어 버리는 불쌍한 결과를 초래하고 만다.

함께 꿈꾸고 함께 행복하기

4.
돈에 끌려가는 사람들

　다음 신문 기사를 통하여 그렇게 돈에 끌려가는 의사들의 삶을 살펴본다.

　한국의 의사들에 대하여 어떤 신문기자가 취재한 글을 읽게 되었는데 대학병원 교수들 사이에서 경쟁이 심하다고 한다. 교수님 한 분은 식사 시간이 아예 없고 환자들이 들고 온 떡·샌드위치를 먹으며 진료하는데 하루에 2~300명 넘게 본다고 한다. 일을 한번 시작하면 저녁 6~7시까지 자리에서 일어나지 않는데 그런 선생님들이 한두 명이 아니라고 한다.

　실적에 따라 교수들이 월급을 가져가니 경쟁이 심할 수밖에 없다. 병원에 새로 온 환자와 초진의 선택 진료비는 교수님들이 다 가져간다. 교수님들이 거기에서 돈이 많이 들어오는데 몇천만 원, 몇억 원을 받는다고 하는데 반대로 환자들의 부담은 점점 커진다.

1990년대에는 그래도 병원이 복지재단이라는 점을 강조했는데 2000년대 들어 달라졌다고 한다. 병원이 의사 중심에서 전문 경영인 중심으로 분위기가 바뀌면서 가치 중심에서 돈 중심으로 변화된 것이다. 옛날에는 의대 교수들의 월급이 비슷했는데 지금은 수술을 많이 하면 많이 가져간다.

병원이 자본주의에 물들기 전에 의사들은 히포크라테스선서를 하며 순수하게 출발한 의대생이 자본주의에 노예가 되면서 치열한 경쟁으로 인하여 순수함을 잃어버리고 자신의 본 모습이 아닌 강요된 다른 모습으로 살아가게 된다. 이러한 인생의 노후는 결코 행복할 수 없다. 사람들은 노후에 돈이 있고 건강하면 행복할 것 같지만 사실 내면의 아름다움을 소유하지 않은 사람은 아름다운 노후를 맞이할 수 없다. 내면의 아름다움, 내면의 힘은 절대로 하루아침에 길러지지 않는다. 육체를 건강하게 만드는 것보다 훨씬 더 많은 시간과 노력이 들어간다. 이 세상에 하나뿐인 자신의 존귀한 생명을 다른 무언가에 빼앗기지 않는 연습이 매우 필요하다. 이러한 연습이 또한 인생이다.

함께 꿈꾸고 함께 행복하기

의사들이 한 생명, 한 생명을 소중히 생각하며 최선을 다해서 겸손하게 의료 행위를 하는 것은 사회 구조에서 너무 중요한 것이다. 이렇게 다른 사람의 잃어버린 꿈을 찾아 주는 마음으로 살아가는 문화가 형성되면 그 사회는 가치 있는 삶을 살아갈 수 있는 터를 제공하게 되고 훨씬 높은 생산성을 가져오게 되어 많은 사람들에게 행복한 삶을 제공하게 된다.

지나친 자본주의 발달은 부의 편중화로 인하여 양극화 현상이 심해지면서 보람 있고 가치 있는 일보다는 쉽게 빨리 돈을 벌 수 있는 일에 더 집중하게 되다 보니 많은 병리 현상을 가져오게 된다. 의사라는 직업 뿐 아니라 심지어 목사라는 직업도 청빈한 삶을 살며 예수처럼 이웃을 섬기며 살아야 하는 직임인데 지나친 자본주의 영향으로 인하여 목사도 잘살아야 한다는 세속 논리에 따라 좋은 차, 좋은 집, 안정적 노후 보장이 있는 대형 교회 목사가 되려고 서로 경쟁을 하는 이상한 일이 발생하고 있다. 원래 더 힘들고 어렵고 고난당하는 곳을 찾아서 목회를 하는 것이 예수님이 가르쳐 준 목회인데, 도시에서 안정적인 목회를 크게 하는 것이 성공으로 생각하는 병리 현상이 대중화되어 있는 것이 큰 문제이다.

지금은 전 세계 인류가 제1의 꿈을 찾아 진정한 꿈을 이루는 삶으로 새롭게 변화할 때이다. 세계 인구가 앞으로 80억, 90억, 120억으로 될 텐데 제1의 꿈을 이루지 못하고 헤매는 나라들은 앞으로 수많은 어려움을 겪게 된다. 즉 식량 부족, 물 부족, 지진, 태풍, 해일, 음란, 마약, 테러, 살인, 부의 극심한 불균형, 서로의 불신, 두려움과 공포의 확산, 대중의 폭동 등으로 인해 갈수록 대중은 살기 힘들고 각 나라 기득권자인 소수 사람만이 경제적 풍요로 인하여 잠시 안정을 찾을 수 있을 것이다.

하지만 각 나라들이 위와 같은 어려움이 오더라도 이겨 낼 수 있는 방법은 서로 도우며 더불어 함께 살아가는 것이다. 살고자 하면 죽고 죽고자 하면 산다는 속담이 있듯이 서로를 위해서 죽어 주면 서로가 살게 된다. 각 나라끼리도 서로 윈윈 할 수 있는 방법을 찾지 않고 서로 이익만 추구하다 보면 다투게 되고 서로 감정이 상하게 되고 그러다 전쟁으로 가게 된다.

자기 이익과 자기 의를 추구하는 삶의 위험성

1차, 2차 세계 대전이 일어난 이유도 보면 작은 불씨로 인하여 감정이 상하게 되어 수천만 사람들이 의미 없는 죽음을 당해야 했었다. 1차 세계대전의 원인은 MAIN이라고 한다. 즉 Militarism,

함께 꿈꾸고 함께 행복하기

Alliance, Imperialism, Nationalism 군국주의, 동맹관계, 제국주의, 민족주의가 원인이라고 말한다. 모두 하나같이 지나친 이기주의가 욕심을 불러일으켜 힘 약한 나라와 민족은 무시하고 서로 식민지를 차지하려고 힘을 과시하고 욕심을 부리다가 결국 전쟁으로 가고 말았다. 한번 시위를 떠난 화살은 다시 잡기가 불가능하기 때문에 화살이 당겨지지 않도록 평상시에 나라와 민족의 리더들은 마음의 힘을 길러야 한다. 전쟁을 통하여 승리한 나라든지 패배한 나라이든지 수많은 인명 피해와 상처를 치유하려면 엄청난 많은 에너지와 시간이 필요하게 된다.

사람의 마음과 생각의 힘이 얼마나 중요한지는 1차 세계 대전을 통해서 또한 검증되었다. 1차 세계대전의 특별한 이데올로기적 영향 중에 하나가 바로 사회적 다윈주의이었다. 1차 세계대전이 발발하기 전 19세기 말, 정치와 사회 분야에서 사회적 다윈주의라는 새로운 사상적 조류가 생겨났다. 찰스 다윈이 주창한 진화론에서 생존 경쟁에 관한 부분을 사회에 적용하여 역사를 인종, 국가 간의 생존경쟁의 무대로 파악했다.

사회적 다윈주의(Social Darwinism)는 우월한 종이 열등한 종을 멸종시키는 것, 혹은 그것이 새로운 환경에 적응하도록 강제하는 것은 모든 생명체의 보편적 법칙이라는 것이다. 사회적 다원주의는 사회의 변화와 모습을 찰스 다윈의 생물진화론을 적용하여 해석하려는 견해다. 영국의 허버트 스펜서(Herbert Spencer)가 처음 사용한 개념으로 19세기부터 20세기까지 크게 유행했고 다윈에 앞서 '진화', '적자생존'이라는 말을 사용한 사상가가 스펜서다. 사회적 다원주의는 인종차별주의나 파시즘, 나치즘을 옹호하는 근거와 신자유주의의 경제적 약육강식 논리에 사용되기도 했다. 제국주의 논리에 부합되는 이론이라는 것은 말할 필요도 없었다. 생존경쟁은 인간사회에도 적용되며 열등한 자는 도태되고 생존조건에 적합한 우월한 자가 살아남기 마련이라는 이론이다. 이 주장은 당시 성공을 거두고 있던 부르주아나 자본가에게 깊은 감명을 주었다. 이렇게 그 시기에 사회에 흐르고 있는 생각과 마음의 흐름이 무엇이냐 즉 이데올로기가 무엇인가가 매우 중요하다. 그래서 각 나라의 리더들은 국민의 생각과 마음에 진정한 꿈과 희망을 주는 메시지를 전달해야 한다. 국민과 대중은 사회 리더들이 이끄는 대로 끌려갈 수밖에 없는 것이 현실이다. 두 사람 이상이 모이면 항상 리더가 있고 그 리더의 의사결정이 그 단체를 끌고 갈 수밖에 없다. 그래서 리더는 늘 생각과 마음을 새롭게 하여 제1의 꿈을 생각과 마음에 깊이 새기며 더불어 함께 살아가는 것이 각 개인과 공동체에 가장 최

함께 꿈꾸고 함께 행복하기

고의 길임을 인식시켜야 한다.

홍자는 사람들이 잃어버린 꿈을 찾기 위해서는 그 사람의 생각과 감정의 상처들이 치유되고 면역력이 강해져야 한다고 생각하였다. 꿈을 가지고 기쁘게 살아가기 위해서는 내면 여행을 통한 생각과 감정의 상처치유와 회복이 매우 중요하다. 내 안에 상처가 많이 있으면 그 상처가 우리의 꿈을 향한 행진을 자꾸 방해한다. 바다 위에 긴 다리를 세울 때 보면 기초 공사에 많은 시간을 할애한다. 기초가 튼튼해야 어떤 시련에도 견딜 수 있다. 잃어버린 꿈을 찾으려면 먼저 마음의 기초를 잘 쌓아야 한다. 마음의 기초를 쌓는 방법은 우리 내면에 있는 상처를 치유하고 원래 신이 창조한 정신과 마음으로 회복하는 것이다.

사람이 내면에 상처를 받는 것은 여러 가지 이유에서 발생한다. 최근에 많이 발생하고 있는 성폭행으로 인한 상처는 정말 끔찍한 내면 공격이다. 이러한 상처를 어떻게 치유할 것인가? 또한 자녀들이 성장하면서 부모들로부터 받는 상처들, 학생들이 학교생활을 통하여 친구나 선생님으로부터 받는 상처들, 또 젊은이들이 성장하면서 사회로부터 받는 상처들 그리고 수많은 인간관계에서 오는 수많은 상처들 또한 홍자의 자녀와 홍자처럼 예상

치 못한 가장 가까웠던 가족의 죽음으로부터 오는 상처 등 사람
들이 받는 상처의 종류를 나열하면 이루 말할 수 없다.

그런데 마음과 정신이 건강한 사람은 똑같은 상황에서 마음
이 약한 사람보다 훨씬 상처를 덜 받으며 상처를 받아도 곧 치유
된다. 육체와 정신 건강에서 면역력이 강한 사람은 가벼운 감기
나 상처는 접근했다가도 곧 사라진다. 결국 평상시 면역력을 강
하게 하는 것이 중요하다. 사람이 건강상 면역력을 강하게 하기
위하여 좋은 생활습관, 즉 좋은 음식과 규칙적인 식사 그리고 충
분한 수면과 적당한 운동이 필요하듯이 정신과 마음의 면역력을
강화하고 힘을 기르기 위하여 좋은 양식과 좋은 습관 그리고 훈
련이 필요하다.

함께 꿈꾸고 함께 행복하기

5.
내면의 상처는 치유될 수 있다

　사람이 청년의 시기에는 특별히 건강을 관리하지 않아도 기본 체력으로 유지되지만 나이가 들수록 건강을 위하여 특별하게 관리를 해야 하듯이 중년의 나이에 있는 사람들은 청년들보다 더욱 면역력 강화를 위하여 노력을 해야 한다. 그런데 일반적으로 사회에서는 다람쥐가 바퀴를 돌듯이 중년 시기를 정신없이 보내게 하는 흐름이 있다. 이러한 흐름을 거슬러서 정신과 마음의 힘을 기르기 위하여 깊은 독서와 사색 그리고 이웃과 토론 또한 자신과 대화, 자연과 대화, 신과 대화 등을 통하여 자신만의 유익을 위해 사는 삶이 아닌 이웃과 더불어 살아가며 이 사회에 더 높은 가치를 실현하는 일에 시간과 마음 그리고 힘을 사용하는 것이다. 이렇게 더불어 함께 살아가는 생을 추구하는 사람에게는 강한 면역력이 자동으로 생겨서 인생의 강한 태풍이나 파도가 몰려와도 쉽게 무너지지 않고 오히려 면역력이 더욱 단단해져서 주도적이고 능력 있는 행복한 삶을 살게 된다.

사람은 아주 어릴 때부터 즉 유년기, 소년기, 청소년기, 청년기를 지내면서 좋은 생활 습관으로 훈련한 사람은 중년 노년기에 건강관리가 쉽지만 생활 습관이 불균형이었던 사람은 중년 노년기에 질병과 싸우면서 건강을 관리해야 하는 어려움을 겪게 된다. 정신적 면역력도 어릴 때부터 잘 훈련을 해 놓아야 나이가 들어도 면역력을 유지할 수 있다. 사람의 정신력 면역력 증강에 가장 중요한 것은 모든 상황에서 불평요소를 제거하고 감사하는 마음으로 살아가는 것이다. 사실 사람이 생명이 있고, 생각할 수 있고 살아 있다는 것만 해도 감사한 조건이다. 정신력이 강한 사람은 어떤 파도와 바람이 와도 뿌리가 흔들리지 않는다. 비록 가지는 흔들릴 수 있지만 뿌리는 땅 밑으로 깊게 뿌리를 내리고 있기 때문에 쉽게 흔들리지 않는다. 늘 감사한 마음으로 이웃과 사랑을 나누는 사람들은 강한 정신적 면역력으로 잘 살아갈 수 있다.

내면 상처 치유의 중요한 원리는 우리 내면에 상처는 반드시 치유된다는 것이다. 어떤 깊은 상처도 치유될 수 있다는 신념이 매우 중요하다. 아픈 곳을 자꾸 만지면 덧이 나고 진물이 나듯이 너무 아픈 곳을 만지면 치유가 어렵기도 하다. 그래서 치유될 수 있다는 믿음을 가지고 아픈 상처를 받아들이고 새로운 마음의 양식을 계속 채우면 어느 순간 나도 모르게 치유가 되어 자신의 상처 치유를 넘어서 이웃 상처를 치유하는 사람으로 거듭나게 된다.

홍자는 자신이 깊은 상처를 받아 보았기 때문에 상처가 얼마나 아프고 힘든지 알고 있다. 홍자는 사별의 슬픔으로 인하여 한동안 계속 슬퍼하며 홀로 한없이 울곤 하였다. 상처 치유에 깊은 통곡과 울음은 매우 효과가 있다. 자신이 상처를 받았다는 사실을 직시하고 마음 깊은 곳에 있는 것을 홀로 토로하며 실컷 우는 것이다. 하지만 지나치게 슬픔에 잠기면 안 된다. 슬픔이 더 슬픔을 더하게 하여 그 슬픔 속에서 빠져나오지 못하게 할 수 있기 때문에 홀로 어느 정도 슬픔을 토로한 다음에는 홀로 있지 말고 마음 통하는 이웃과 함께 서로 깊은 마음을 나누는 것이 상처 치유에 매우 유익하다. 자신의 아픔을 누군가에게 나눌 때 혹시 나를 비난할까 두려워 할 필요가 없다. 진실하게 이웃과 나누면 진실함에는 힘이 있어 대부분 이웃들이 서로 마음을 열게 되어 있다. 깊은 마음을 나눌 수 있는 좋은 공동체를 만나는 것이 내면 치유에 참 유익하다. 홍자는 신앙의 동료들과 깊은 마음을 나눌 수 있어 빠른 상처 치유가 되었다. 그리고 내면치유 프로그램에 참가하는 것도 매우 유익하다.

사실 나의 상처는 치유될 수 있다는 신념만 확실하게 가져도 절반은 성공이다. 잠시 책을 내려놓고 눈을 감고 속으로 자신에게 이렇게 말을 건다. "나의 모든 상처는 반드시 치유될 수 있다. 바로 지금 나의 상처는 치유되고 있다. 나는 건강하고 튼튼한 심력을 갖게 될 것이다." 조용히 작은 목소리로 3번 더 아래 내용을 자신에게 외친다. "나의 모든 상처는 나를 창조하신 분이 창조원형으로 회복시켜 주실 거야.' 하는 기대감을 가지고 반드시 치유될 것이다 믿는 것이 중요하다. 바로 지금 나의 상처는 치유되고 있다. 나는 건강하고 튼튼한 심력을 갖게 될 것이다."

물론 상처가 너무 깊어서 스스로 생각도 마음도 말도 어떻게 할 수 없는 사람이 많이 있다. 이러할 때는 친구들의 도움이 매우 중요하다. 성경에 중풍병자 친구들이 예수께 중풍병자를 데리고 가서 친구들의 도움으로 중풍병이 나음을 입은 경우가 있듯이 우리는 이웃의 상처에 사랑과 애정으로 반응해야 한다. 그리고 상처가 깊은 사람은 홀로 있지 말고 누군가에게 반드시 도

함께 꿈꾸고 함께 행복하기

움을 요청해야 한다. 그냥 도와주세요! 도와주세요!라고 소리쳐
야 한다. 그리고 그 소리를 들은 사람은 반드시 도와줄 책임이
있다. 우리는 함께 도우며 살아가도록 창조된 사람이다. 사람은
반드시 누군가를 도움을 받고 돕고 살아야 한다.

　도대체 사람의 상처는 어디로부터 오는가? 사람은 환경에 지
배당하는 동물이다. 어느 지역, 어느 민족, 어느 나라에 태어났
느냐에 따라서 완전히 세계관이 다르게 형성된다. 똑같은 생명
체가 아프리카 소말리아에서 태어났느냐, 미국에서 태어났느냐,
또 어느 가문, 어느 부모님 밑에서 태어났느냐 그리고 어떤 교육
을 받았느냐에 따라서 완전히 다른 인생을 살게 된다. 사람은 무
엇을 듣느냐, 무엇을 보느냐에 따라서 상처가 좌우된다. 원래 인
간 안에는 우주적인 신비가 있는데 이것은 환경과 교육을 통하
여 빛을 보게 된다. 10대 이전에 무한한 가능성과 긍정적이고 사
랑의 소리를 듣고 그러한 무한한 가능성과 긍정 그리고 사랑의
눈빛을 받고 자란 사람은 상처가 거의 없다. 반면에 늘 분쟁이
있고 정서적으로 불안한 가정과 나라에서 자란 사람은 의식적
무의식적 상처를 많이 받게 되어 자신의 꿈을 이루어 나가는 힘
을 잃고 만다. 그래서 어린이나 청소년들을 특별히 보호하며 그
들에게 무한한 가능성과 긍정의 소리를 듣게 하고 그들을 긍정

과 사랑의 눈빛으로 바라보아야 한다.

　그러나 만약 우리 자신이 그러한 무한한 가능성과 긍정의 소리와 사랑의 눈빛을 받고 자라지 못했다 해도 실망할 필요가 없다. 좋은 환경에서 자란 사람보다 조금 더디겠지만 다시 시작하면 된다. 우리 안에는 스스로 치유할 수 있는 능력을 신이 주셨다. 상처받은 생각과 마음을 하나하나 치유해 가면서 면역력을 증강시켜 나가면 우리는 다시 우리의 꿈을 이루어 갈 수 있다. 치유의 시작의 첫 번째는 나는 치유될 수 있다는 신념이다. 왜냐하면 우리 안에는 신의 이미지가 있기 때문에 그것을 하나하나 회복해 가면 놀라운 능력이 발현된다. 뇌성 마비 장애인이나 기타 장애인들이 제1의 꿈을 이루고 제2의 꿈을 이루어 풍성하고 행복한 삶을 사는 것을 보면 누구나 가능하다는 것이다. 그렇지 못한 사람들은 아직 시도하지 않았기 때문이다. 새롭게 시도하면 누구든지 제1의 꿈과 제2의 꿈을 이룰 수 있다.

함께 꿈꾸고 함께 행복하기

6.
송명희 시인의
제1의 꿈을 이룬 고백들

한국의 뇌성 마비장애인인 송명희 시인의 시에서 이렇게 고백한다. 나 가진 재물이 없고, 나 남이 가진 지식 없으며 나 남에게 있는 건강 있지 않지만 다른 사람이 보지 못한 것을 보았고, 다른 사람이 듣지 못한 주님의 사랑의 음성 들었다며 모든 것을 감사함으로 승화시킨다. 정신과 육체의 한계를 뛰어넘는 삶을 우리에게 보여 주며 새로운 소망을 준다.

결국 송명희 시인이 뇌성마비 장애를 뚫고 일어서서 시인이 된 것은 그의 심력의 힘이다. 우리 모두는 송명희 시인처럼 창조주로부터 선물 받은 심력이 있으니 그것을 회복하면 된다.

7.
제1의 꿈을 이룬 닉 부이치치

또한 태어날 때부터 팔다리가 없는 닉 부이치치 삶을 살펴보자. 세르비아 출신의 신실한 목회자인 아버지 보리스와 어머니 두쉬카 사이에서 장남으로 태어났다. 8세 이후 세 번이나 자살을 시도하였으나 부모의 전폭적인 지원과 사랑 아래 양육받았다. 부모의 교육 철학으로 비장애인이 다니는 중고등학교를 다니며 학생회장을 지냈고, 오스트레일리아 로건 그리피스 대학에서 회계와 경영을 전공했다.

"팔다리가 없는데 어떻게 저렇게 싱글벙글할 수 있을까?"

양팔과 다리가 없이 얼굴과 몸통만 덩그러니 있는 그를 보고 갖는 궁금함이다. 그러다 닭발처럼 생긴 발가락 두 개를 가진 그가 높은 다이빙대 위에서 뛰어 내리고, 스케이트보도를 타고, 서

함께 꿈꾸고 함께 행복하기

핑을 하고, 드럼을 연주하고, 수많은 이들과 트위터를 하고, 컴퓨터를 하고, 핸드폰을 하고, 글을 쓰는 모습을 보면, 입을 다물지 못한다. 닉 부이치치는 세상 누구보다 커다란 장애를 갖고 태어났지만 지금 세상 누구보다 멋진 인생을 살고 있다.

희망의 비밀

"닉, 왜 그렇게 행복하세요?"라고 묻는 이가 있을 때마다. 그는 솔직하게 답한다. 그런 자신에게도 한 없이 절망했던 때가 있었다고. 태어날 때부터 외모 때문에 아이들로부터 '괴물'이나 '외계인' 같다는 놀림으로 세 번의 자살을 시도했다. 그에게는 출구가 보이지 않는 삶이었다. 그는 "땅을 치며 슬퍼했고 끝없이 우울했다. 늘 마음이 아팠고 항상 부정적인 생각에 짓눌렸다. 어디를 봐도 출구를 찾을 수 없었다."고 말한다.

그런 그가 마침내 절망 가운데 행복으로 통하는 문을 찾았다. 그 후 그는 달라졌다. 자신의 삶을 희망으로 가득 채우고 싶었다. 그는 숨이 막히도록 멋진 삶을 맛보고 싶었다. 마지막 한 방울까지. 자신이 정한 한계를 뛰어넘고 싶었다. 그래서 그는 날마다 도전한다. 그의 고백을 들어 보라. "다시 일어설 수 있다면 넘어져도 좋다." 당신은 어떤가? 우리도 다시 잃어버린 꿈을 찾아 여행을 떠나자.

제4장

제1의 꿈을 이루는
실제 방법

1.
창조원형으로 회복시켜 줄
창조주를 기억하며 재미있고 즐겁게 일하라

인생에서 가장 가치 있는 삶은 내가 누구인지 알고 어디로 가고 있는지 아는 것이다. 나를 잘 아는 방법은 나를 창조한 창조주와 인격대 인격의 만남을 갖는 것이다. 자기 자신이 이 세상에 존재한다는 그 사실 하나만이라도 감사하고 자신을 사랑하는 것이 중요하다. 자기 자신을 자신보다 더 잘 아는 사람도 없으며 사랑할 사람도 없다. 그런데 타인의 시선과 타인의 소리를 통하여 자신을 바라보게 하는 흐름에 우리는 늘 노출되어 있기 때문에 이 언덕을 뛰어넘어야 한다. 이 언덕을 반드시 뛰어넘어야 진정한 자아가 보인다. 우리를 향한 타인의 시선과 타인의 소리를 완전하게 무시 할 것은 아니고 참조는 해야 한다. 그런데 우리 자신을 향한 타인의 시선과 소리는 우리가 생각하는 만큼 지속적이지도 않고 강하지도 않는다.

함께 꿈꾸고 함께 행복하기

내 자신이 자기 자신을 사랑하지 않고 이웃을 사랑하기가 어렵다. 남녀의 사랑에서도 자신을 사랑하는 사람이 이성을 더 사랑할 수 있다. 자신의 생명을 소중하게 생각하는 사람은 타인의 생명도 소중하게 생각하며 자살 행위 등은 절대 하지 않는다.

가치 있는 일을 재미있고 즐겁게 하라

사람에게 일은 큰 축복이다. 사람은 일을 통하여 자기 존재감을 느끼곤 한다. 그래서 사회에 가치를 만들어 내는 일을 즐겁게 하는 것이 중요하다. 사회에 부정적인 가치를 제공하는 일은 삼가야 한다. 즉 음란 산업, 마약 산업, 밀수 사업은 하면 안 된다. 사람들의 삶의 질을 높여질 수 있는 가치 있는 일을 찾아서 재미있게 일하면 행복한 인생이 온다. 자본주의 구조 속에 살아가고 있는 우리는 일과 돈을 똑 같은 가치로 인식한다. 일이 먼저이고 일을 하면 돈이 따라 오게 되는 것이 인간을 향한 구조이다. 그래서 어떠한 일자리를 찾을 때 그 일에 대한 대가가 얼마인가도 중요하지만 그보다 더 중요한 것은 그 일이 나에게 진정한 가치를 제공해 주는가?

그 일이 힘든 일이라도 나에게 가치와 즐거움을 주는가를 생각해서 선택해야 한다.

때로는 자신이 원하는 일을 선택하지 못 할 때도 있지만 이미 그 일을 선택했으면 즐겁고 재미있게 해야 한다. 일명 3D 업종을 선택할 수밖에 없는 상황에서도 그 일을 가치 있게 생각하고 즐겁고 재미있게 일하면 인생이 행복해지고 돈에 끌려가지도 않고 또 다른 더 좋은 길이 열린다. 청소부가 청소를 하면서 흥겨운 노래를 부르면서 하는 것과 화난 표정으로 하는 것은 어떤 결과가 나오는지 우리는 다 알 수 있다. 무슨 일을 하든지 진실하고 성실한 태도로 재미있고 즐겁게 하는 사람은 사회를 평화롭게 하는 피스메이커이다.

함께 꿈꾸고 함께 행복하기

2.
깊은 독서로 사색하며
자연과 대화하라

　깊은 독서만큼 사람을 성장시키는 길은 없을 것이다. 책을 읽으면 자동적으로 사람의 마음에 평화가 찾아오며 그 저자와의 깊은 대화를 하는 것이기 때문에 짧은 시간에 많은 정보를 터득할 수가 있다. 선한 마음, 선한 양심을 가지고 있는 사람은 모두 다 깊은 독서를 즐기는 사람이다. 특별히 홍자는 책 읽기를 좋아하며 자신의 아이들에게도 역사책과 고전을 읽을 수 있도록 안내했으며 특별히 홍자는 아이 세 명에게 성경책을 읽고 깊게 묵상 하도록 교육하여 홍자의 아이들은 또래 아이들보다 사고하는 깊이와 넓이가 다르다. 또한 좋은 책을 읽고 서로 토론하는 것은 더욱 사람을 행복하게 한다. 책을 통한 생각과 마음의 치유는 매우 효과적이다. 요즘 각 나라 젊은이들이 인터넷의 발달과 스마트폰의 발달로 책을 통한 사색과 정보를 얻는 일에서 점점 멀어져 가고 있는 형국인데 이것은 개선해야 할 영역이다. 요즘 자라나는 어린 아이들도 책을 통한 부모와 대화보다 태블릿을 통한 대화에 익숙하여 홀로 컴퓨터나 태블릿과 너무 많은 시간을 보내다 보니 사람들과 어울리는 것이 익숙하지 않아 사회성이 많이 떨어지곤 한다. 각 나라 엄마, 아빠들은 다음 세대의 발전을 위하여 아이들에게 책을 많이 읽혀야 한다. 특별히 고전이나 역사책을 많이 읽게 하여 가치 있는 삶이 무엇인지, 더불어 함께 살아가는 삶이 얼마나 값진 일인지 교육해야 한다.

산과 강, 바다 그리고 들판에 나가 자연과 대화하라

사람은 자연에서 와서 자연으로 돌아가게 되어 있다. 그래서 사람은 인위적인 것보다 자연스러운 것을 좋아하게 되어 있다. 자연스럽다는 말은 창조주가 창조한 그대로라는 것이다. 여성들이 성형을 통하여 얼굴을 아름답게 하지만 진짜 아름다운 것은 자연 미인이다. 즉 성형 수술하지 않고 태어난 그 모습 그 대로 얼굴이 참 미인이듯이 자연스러움이 인간에게 참 아름다움을 제공하며 인간의 마음을 맑게 한다. 그리고 사람이 겸손하려면 늘 대 자연 앞에 홀로 대면해 보아야 한다. 거대한 산과 바다 앞에 인간은 나약한 존재임이 드러난다. 그러면서 산의 나무들과 대화하고 바다와 대화하며 인간 속에 숨겨져 있는 자연스러움

함께 꿈꾸고 함께 행복하기

을 더욱 드러나게 하여 창조성을 회복하여야 한다. 홍자는 늘 강원도 철원에 있는 대한수도원을 즐겨 찾는다. 그곳에서 책을 쓰고 책을 읽고 사색하곤 한다. 대한수도원은 천혜의 자연경관을 소유하고 있다. 한탄강 물이 흐르고 아름다운 산이 병풍처럼 둘러져 있으며 유기 농사를 경작하는 논과 밭 그리고 아름답고 조용한 성전 건물들이 있으며 그곳의 식사는 자연스러움의 극치를 이루는 자연식으로 홍자에게 자연스러운 삶을 더해 주는 너무도 아름다운 곳이다. 자연과 깊은 대화를 하는 사람의 마음에는 항상 선한 마음을 소유할 가능성이 매우 높다.

3.
좋은 사람과 사귀며
좋은 노래를 불러라

　사람은 홀로 있으면 외롭고 그 사람의 진가를 발휘하기가 힘들다. 창조주도 처음으로 아담을 창조하고 아담이 홀로 있는 것이 좋아 보이지 않아서 하와를 창조하여 함께 살도록 했듯이 사람은 홀로 살아갈 수 있는 동물이 아니다. 사람은 이웃과 사귀며 더불어 함께 살아가야 한다. 더불어 함께 살아간다는 것은 자신의 유익만을 추구하는 사람에게는 힘든 일이다. 이웃과 사귀려면 자신이 먼저 이웃에게 다가가야 한다. 이웃에게 다가가는 방법의 첫 번째는 환한 미소로 안녕하세요하고 인사하는 것이다. 이웃을 향하여 친근한 눈빛만 보내도 이웃은 당신에게 마음을 열고 이웃이 먼저 말을 걸어올 것이다. 이 땅에 존재하는 사람은 모두 소중하기 때문에 동시대에 함께 살아가고 있고 같은 공기와 같은 햇빛을 나눌 수 있어 감사합니다, 하는 마음으로 이웃을

함께 꿈꾸고 함께 행복하기

바라보면 자신도 모르는 사이에 이웃에게 미소가 가고 말을 걸게 된다.

좋은 영화를 보고, 좋은 음악을 듣고 좋은 노래를 부르라

세상에는 선과 악이 항상 공존한다. 세상이 처음에 창조되었을 때 인간의 선택하는 힘(자유의지)은 선하게 창조되었다. 인간의 타락으로 인간의 선택하는 힘(자유의지)은 손상을 입었다. 그래서 인간의 마음에는 선한 것과 악한 것이 항상 공존하기 때문에 특별하게 긴장을 하고 살아야 선하게 살 수 있다. 선한 생각과 선한 마음을 소유한 사람이 만드는 영화나 음악은 선한 영향력을 주지만 그렇지 못한 경우도 있다. 폭력적인 영화, 음란적인 영화, 사탄적인 음악이 있으며 제작자들의 생각과 마음이 평상시에 제1의 꿈을 알고 살아가느냐 아니면 그냥 제2의 꿈을 이루기 위해서만 살아가느냐에 따라서 작품이 달라진다. 그래서 우리는 좋은 영화와 좋은 음악을 골아야만 한다. 특별히 영화중에 미성년자 관람 불가 영화가 있는데 이것은 성인에게도 좋은 영화라고 하기에는 어려운 점이 있다.

좋은 영화라는 것은 그 영화 만드는 사람이 선하고 아름다운 생각과 마음을 가지고 만들면 좋은 영화가 나올 확률이 매우 크다. 그런데 자본주의 강한 영향력으로 상업성을 영화 제작 첫 번째 목표로 둘 수밖에 없는 현실이 있다. 사람들을 선한 마음과 아름다운 마음으로 이끄는 작품은 인스턴트 감동이 아닌 깊고, 잔잔한 감동을 주는 경우가 많다. 좋은 영화, 좋은 음악은 재미도 있고 사람의 마음을 자연으로 돌아가게 하고 뭔가 아름다운 여운을 갖게 하는 것이다. 그래서 고전 영화, 고전 음악이 좋은 것이다. 특별히 제1의 꿈을 소유한 사람이 영화나 음악을 만든다면 소비하는 대중에게 선한 영향력을 끼치게 된다.

선한 생각과 선한 마음의 기준이 무엇인가? 그 기준은 사람들을 더욱 자연(흙과 나무, 풀, 꽃, 새, 산, 강, 바다)으로 인도하고 자신의 유익만 추구하지 않고 이웃의 행복한 삶을 함께 추구하는 것을 기준으로 삼을 수 있다. 더 인기 있는 노래를 만들기 위해 마약을 한다거나 술을 폭음한다거나 이상한 접신을 하는 등 자연스럽지 않은 생각이나 태도를 하는 경우도 있는데 이것은 잠시 인기를 끌 수 있지만 인생을 길게 놓고 보면 아주 바보스럽고 어리석은 행동이다.

함께 꿈꾸고 함께 행복하기

4.
모든 상처를
적극적으로 치유하라

    사람은 영혼육으로 구성되어 있다. 이 세상에 살아가는 모든 사람은 태어나는 순간부터 상처를 가지고 태어난다. 영, 혼, 육의 상처를 반드시 치유받아야 행복한 삶을 살 수가 있다. 사람은 일반 동물과 다르게 영의 동물이기 때문에 신과 대화할 수 있으며 영의 상처는 신과 대화를 통하여 치유할 수 있다. 혼의 영역은 생각, 마음, 의지로 구분할 수 있는데 일반적인 사람들은 혼의 상처로 인하여 많은 고통을 겪는다. 육의 상처는 쉽게 드러나기 때문에 즉시 병원이나 약국에서 치료를 받는 것이 학습되어져 빨리 치료되는 편이다.

    그러나 쉽게 노출되지 않는 영과 혼의 상처는 처음에 상처를 받아도 그것이 상처인지 잘 모른다. 시간이 한 참 흐르고 나서야 상처받은 것을 알지만 그때 치료하기에는 많이 힘든 경우가 있다. 그래서 수시로 영과 혼의 상처를 치유하고 특별히 어떤 사건을 경험한 경우에는 즉시 치유를 해야 한다. 영과 혼의 상처 치유 방법은 사람마다 다르고 상황마다 다르다. 하지만 치유 될 수 있다는 믿음을 가지고 열심히 치유하면 반드시 치유되게 되어 있으며 오히려 더욱 건강한 정신을 소유하게 된다.

요즘에 우울증과 조울증으로 자살이 많은 이유는 영과 혼의 상처로 인한 결과이다. 평상시에 마음의 힘을 가지고 파워 있게 살아가는 사람은 영과 혼의 면역력이 강하기 때문에 상처를 덜 받으며 상처를 받아도 쉽게 치유된다. 그래서 평상시에 영혼육의 건강을 유지하고 훈련하는 것이 매우 중요하다. 영과 혼의 상처 치유 방법 중에 제일 좋은 방법은 신뢰할 만한 사람에게 자기 내면의 깊은 이야기를 나누는 것이다. 누군가에게 자신의 깊은 마음을 나누기만 해도 절반은 치유가 된 것이다.

홍자는 중학교 때부터 정신과 마음이 아픈 한 청년을 상담하게 되었다. 어떤 분의 소개로 그 청년을 처음 만나게 되었는데 만나서 몇 가지 질문을 던지자 하염없이 울기 시작하였다. 그래서 다음 날 그 청년을 정신과 선생님 상담을 받게 하였다. 그동

함께 꿈꾸고 함께 행복하기

안 그 청년은 스스로 마음의 고통을 이겨 내 온 것이었다. 정신과 치료를 받으면서 홍자와 나눔을 통하여 마음과 생각을 치유해 나가기 시작하였다. 병원에서는 정신과 마음이 많이 아파서 군에 입대도 못 한다고 했지만 군에 입대하여 군대 생활을 잘하였다. 물론 만기 전역을 하지 못했지만 그래도 힘든 상황을 이겨 낸 본 좋은 경험이었다. 이 청년은 홍자와 수시로 소통하면서 자신의 마음을 나눌 수 있었고 어떻게 생각하고 행동해야 할지 늘 나눌 수 있어서 회복 되어 가는데 큰 도움을 받고 있다. 이 청년에게 새로운 희망이 주어진 것은 제1의 꿈을 소중히 여기는 홍자의 적극적인 도움, 조건 없는 도움이 큰 역할을 하였다. 이 청년이 홍자에게 마음을 열고 자신의 상황을 진실하게 나누어 준 것이 홍자에게는 큰 힘이 되었다. 일방의 도움이 아닌 청년과 홍자의 상호돌봄을 경험하는 좋은 기회가 되었다.

만약 누군가와 상담을 하고 싶은데 신뢰할 만한 사람이 없다면 정신과 선생님이나 상담전문가를 찾아가면 된다. 그리고 치유 프로그램에 적극적으로 참여하라. 육체가 아파서 병원에 가듯이 마음이 아프면 반드시 마음 병원에 가야 한다. 특별히 마음의 상처를 치유할 때 다른 사람이 자기에 대해서 어떻게 생각할까? 고민을 많이 하는데 상대방은 우리 자신이 생각하는 만큼 우리 자신에 대해서 신경을 쓰지 않는다. 자신의 일들이 바쁘기 때문에 그렇게 신경 쓸 여유가 없다. 그러므로 상대방의 반응이나 태도에 대해서 깊게 신경을 쓰지 않아도 된다. 상대방이 우리에게 한 말이나 태도는 우리가 생각한 만큼 깊게 생각하고 하는 행동이 아닌 경우가 있다. 얼마 전 홍자에게 어떤 분이 상처가 되는 말을 문자로 보냈다. 그런데 홍자는 그 상처되는 말에 반응하지 않고 오히려 그분을 축복하며 이렇게 답변을 보냈다. "네, 감사합니다. 늘 부족함을 깨달으며 제 스스로를 더 살펴보겠습니다. 강건하세요, 샬롬."

그 후 더 이상 그분은 연락이 없었고 잠잠했다. 홍자를 공격하려 했지만 실패한 것이다. 홍자는 진실한 마음으로 상대방을 존중하니 그 사람의 공격이 사라져 버린 것이다. 우리가 영과 혼의 상처를 받지 않으려면 상대방과 의사소통을 할 때 서로 감정을 건드릴 필요가 없다. 객관적 진실을 서로 이야기 하고 해결되기를 기다리는 것이다. 그렇게 기다리면 시간이 지나면서 감정이 제거되고 진실이 승리하게 되고 서로에게 윈윈 하는 마음을 준다.

함께 꿈꾸고 함께 행복하기

5.
항상 배우려는 태도와
영혼의 일기를 작성하라

　사람의 인격과 품성에 가장 중요하고 필요한 덕목 중 하나는 겸손이다. 교만한 사람은 다른 사람에게 배우려 하지 않기 때문에 잠시 탁월함을 인정받을 수 있지만 그리 멀지 않은 시간에 추락하고 만다. 매일 매일이 새로운 날이고 감사한 날이라는 마음으로 새롭게 배우려는 마음과 태도로 살아가는 사람은 항상 젊고 행복하게 살 수 있다. 지금 스마트폰 시장에서 그 탁월한 기업 애플사를 뛰어 넘은 대한민국 기업 삼성은 늘 배우려는 태도로 인하여 세계 시장을 선도해 가고 있다. 삼성 이건희 회장의 경영 철학 중에 하나가 항상 위기의식을 갖게 하는 것이다. 이것은 다른 표현으로 하면 항상 배우려는 태도이다. 지금의 현실에 만족하지 말고 소비자의 소리에 겸손하게 귀를 기울이며 그들의 요구를 뛰어넘는 서비스를 할 때 그 기업은 지속가능한 성장

기업으로 갈 수 있다. 기업뿐 아니라 모든 단체의 탑리더와 국가리더들도 반드시 놓쳐서는 안 되는 것이 겸손하게 배우려는 태도이다. 자신이 모든 것을 다 알고 다른 사람을 가르쳐야 한다고 생각하는 사람은 상대방을 경청하지 않게 된다. 경청하지 않게 되면 쌍방향 커뮤니케이션이 아닌 일방통행 커뮤니케이션으로 인하여 그 단체의 창조성과 혁신성을 잃게 되고 점점 사람들이 그 조직과 단체에 충성도가 낮아지게 되어 결국 그 단체가 허물어지고 그 리더도 그 단체를 이끌어 가기가 힘들어진다. 투표로 선출된 지도자들이 처음 선거에 출마할 때는 경청하려고 매우 안간 힘을 쓴다. 그런데 평상시에 제1의 꿈을 이해하고 더불어 함께 살아가는 것에 익숙한 사람은 경청이 자연스럽지만 늘자신이 최고라고 생각하고 더불어 살아가는 것에 익숙하지 않은 사람은 진심으로 경청하지 않기 때문에 투표를 통하여 당선된 이후에 정치를 해나갈 때 처음에는 잘되는 것 같지만 시간이지나면서 정치에 많은 어려움을 겪게 된다. 진정으로 성공한 인생은 생을 마감하는 그 날까지 항상 겸손한 마음을 소유하는 것이다.

항상 배우려는 태도를 소유한 사람은 친구들이 많이 모이게된다. 친구를 얻으려고 노력하지 않아도 어린아이부터 노인까지

함께 꿈꾸고 함께 행복하기

모든 세대 사람들을 친구로 삼게 된다. 어린 꼬마의 한마디에도 배울 것이 있으며 들의 풀 한 포기에서도, 참새 한 마리의 짹짹 소리에서도 우리 인생은 항상 배워야 한다.

매일 영혼의 일기를 작성하라

제1의 꿈을 이루는 방법 중에 가장 좋은 방법은 늘 자신을 돌아보는 성찰의 시간을 갖는 것이다. 매일 매일 자신의 영과 혼의 상태를 점검하는 시간을 가질 수 있다면 그 사람 인생의 절반은 성공한 것이다. 자신의 마음 상태나 생각을 글로 쓰는 시간을 가질 수 있다면 그 사람은 참 행복한 사람이다. 그만큼 마음의 평화를 누리는 사람이다. 사실 우리 인생에 일어나는 복잡한 문제도 글로 써보면 그렇게 복잡한 것이 아닐 때가 참 많다. 생각에서만 복잡하지 사실 단순한 경우가 많이 있다.

6.

무슨 일이든지 최선을 다하고
서두르지 말고 기다려라

　제1의 꿈을 추구하는 사람은 서두르지 않는다. 자본주의가 심화되면 심화 될수록 성과주의 사고방식에 이끌려 가게 된다. 한동안 미국 비즈니스계의 탑 리더 이었던 잭 월치는 GE를 운영하면서 과정보다 성과 중심적 사고에 모든 경영의 초점을 맞추어서 조직을 슬림화 하는 구조 조정을 매우 강조하였다. 이러한 성과 우선주의 경영은 중단기적인 성과는 낼 수 있지만 장기적이고 지속적인 사람 중심의 경영을 이루기는 어려웠다. 지나친 산업자본과 기술의 발달은 사람들의 일자리를 점점 줄어들게 하고 부의 심한 편중으로 인하여 더불어 함께 살아가는 생각을 못하게 한다. 원래 7명에서 일을 하고 있었는데 더 높은 투자 이익을 위해 일자리를 다섯 개로 줄여야 하는 상황에서 2명을 해고해야 하는 상황이 발생했다. 이럴 때 용감하게 다른 이웃을 위해 양보하고 돌아서는 것이 정말 어렵다. 가정의 가장으로 가정 경제를 책임지고 있는 아버지 입장에서 해고라는 것은 낭떠러지로 떨어지는 느낌일 것이다.

그런데 이러한 일이 특별히 대한민국에서는 IMF 때 비일비재했다. 결국 IMF만 좋은 일 시켰다는 비난이 있다. 금융자본을 다스려야 할 인간이 금융자본의 노예가 되어 수많은 사람을 감당할 수 없는 고통으로 인하여 자살로 내몰기도 했다. 성과보다 더욱 중요한 것은 과정이다. 과정에 진실하고 성실하면 좋은 성과를 맛볼 수 있다. 그러나 성과 중심주의로 가면 과정이 편법이 동원되고 인간의 존엄이 무시되고 이해관계 중심으로 행동하게 되어 사람을 조급하게 하고 서두르게 만든다. 제1의 꿈은 하루아침에 이루어지는 것이 아니다. 끊임없는 자기 내면과 싸움을 통하여 점점 마음의 힘이 강해져서 제1의 꿈을 이루게 된다.

때로는 조직이나 사회에서는 우리에게 빠른 성과를 내라고 재촉할 때가 있다.
이러한 흐름 속에서 살아남기가 정말 쉽지 않다. 그러나 제1의 꿈을 이루어 인생 여정의 마지막을 아름답게 마무리하려면 타협하지 말고 버텨내야 한다. 뱀처럼 지혜롭고 비둘기처럼 순결하게 행동해야 한다. 성과를 무조건 무시해서는 안 되며 과정을 충실하면 좋은 성과가 나온다는 믿음을 가지고 서두르지 말고 인내하며 차근차근 일을 풀어나가는 것이다. 그리고 과정에 충실했는데도 좋은 성과가 나오지 않을 수도 있다. 그러할 때는 그 결과를 겸손하게 받아들이고 다시 한번 과정을 점검하며 진실하고 성실한 마음으로 과정을 밟아 가면 반드시 좋은 성과가 나오게 되어 있다.

지금처럼 스마트폰 시대는 너무도 빠른 답을 서로에게 요구하기 때문에 조용히 생각할 시간을 갖기가 참 힘들다. 그런데 많은 일과 사람 관계에서 서두르지 않고 기다리면 해결되는 일들이 50% 이상은 될 것이다. 제1의 꿈과 제2의 꿈을 이룬 사람들은 인내하는 사람들이다.

사랑의 속성 중 하나도 오래 참는 것인 것처럼 오래 참는 것이 꿈을 이루는 데 반드시 필요한 덕목이다. 마음의 힘이 길러지지 않으면 오래 참기가 매우 어렵다. 예상치 않은 어떤 사건이 발생했을 때 그 일을 어떻게 처리하느냐가 그 사람의 인격이며 그 사람의 인생이다. 일반적으로 사람들은 갑작스러운 사건이 발생하면 그것이 나에게 이익이 되느냐 손해가 되느냐부터 생각을 해서 본인에게 손해가 날 것 같으면 흥분을 하면서 그 손해를 보지

함께 꿈꾸고 함께 행복하기

않으려고 서두르다가 결국 손해를 보지 않아도 될 일을 더 손해가 많이 발생하게 만들고 마음도 상처를 받게 되는 경우가 매우 많다. 예상치 않은 어떤 사건이 생겼을 때 서둘러서 답을 내리려고 하지 말고 먼저 객관적 사실을 정확히 파악하고 둘째 내가 스스로 해결할 수 있는 것과 없는 것을 파악하고 셋째 상대방에게 도움을 청할 것이 무엇인가 파악하고 넷째 서로 윈윈 하는 방법으로 대안을 만들면서 인내하면 많은 문제는 해결되어지며 오히려 그 사건을 통하여 또 다른 유익을 얻게 된다.

.

7.
항상 긍정의 마음으로
끝까지 진실하라

    사람의 생각과 마음은 인격 훈련과 품성 훈련을 통하여 변할 수 있다. 사람의 기질과 태도가 바꾸기 어렵다고 하지만 끊임없는 노력을 통하여 사고체계와 마음을 바꿀 수 있다는 것을 홍자는 잘 알고 있다. 홍자는 자신의 인생 여정에서 수많은 실패를 경험하고도 항상 긍정의 생각으로 새로운 가능성을 찾아내기 위해 노력했다. 수많은 사람들은 성공하려면 긍정적인 생각과 긍정적인 마음을 소유하라고 말한다. 물론 긍정적인 태도는 행복하고 성공하는 인생을 위하여 매우 중요한 것임에 틀림없다. 제1의 꿈과 제2의 꿈을 이루기 위해서도 꼭 필요한 태도이다. 그렇다면 어떻게 해야 긍정적인 생각과 마음을 항상 소유 할 수 있을까?

    이것은 강하고 장기적인 훈련이 필요하다. 하루아침에 되지 않는다. 대한민국에서 사람들에게 행복을 전달하는 유명한 여자 강사가 자살을 한 기사를 보았다. 왜 자살을 했을까?

아마 그녀는 진정한 내면의 자아와 사람들에게 드러난 자아의 차이가 너무 커서 그것을 감당하기가 어려워 결국 자살을 했을 것이다. 마음 깊은 곳에서 긍정의 생각과 마음이 흘러나와야 하고 미소도 겉치레 미소가 아닌 진실한 미소를 지을 수 있어야 하며 다른 사람을 즐겁게 하기 전에 본인 홀로 있을 때 인생이 즐거워야 한다. 내면이 정리되지 않은 상태에서 긍정적인 생각과 긍정적인 마음은 치유되지 않은 상처에 반창고를 붙인 것과 같다. 자신의 내면 여행을 통하여 내면의 상처를 치유하고 건강한 정신과 마음으로 일과 사람을 바라보아야 한다. 내면 여행을 위해서는 홀로 자기 자신과 대면하는 시간을 반드시 가져야 한다. 조용하고 한적한 곳에 가서 노트를 꺼내들고 자신의 생각과 마음 상태를 사실대로 적어 본다.

또한 지금 내가 진정 원하는 것이 무엇인가를 깊게 생각하며 노트에 하나하나 적어 본다. 노트에 적은 내용을 살펴보니 다른 사람에게 보여 주기 부끄러운 것이 있다면 무엇 때문인가? 또 생각해 본다. 그 내용이 자기 이익만 생각하는 욕심적인 내용 일 수 있고 너무 세속적인 쾌락을 추구하는 것일 수도 있고 현실적으로 불가능하고 지나치게 이상적인 것일 수도 있다. 지금 그 순간에 떠오르는 생각대로 마음 가는 대로 자세하게 적어 보는 것이다. 적어 보는 것 자체가 치유되어 지는 과정이다. 모든 상처 치유의 시작은 정확한 증상을 아는 것이다. 무엇인 문제인지 정확히 알면 치유는 반드시 이루어진다.

자신의 생각과 마음에 대한 상태의 객관적인 사실이 파악되었으면 이제 하나하나 치유해 가면 되는 것이다. 욕심과 쾌락은 버리고 실현 불가능한 생각은 잘라내면서 생각과 마음을 새롭게 하는 것이다. 매일매일 생각과 마음을 새롭게 하면서 제1의 꿈을 이루어 가는 것이다.

끝까지 진실하라

진실하고 정직한 삶은 모든 사람이 원하는 것이다. 그런데 어느 순간부터 진실을 말하기보다 거짓을 말하게 되고 정직한 삶을 살기보다 부정한 삶에 끌려가는 삶을 살게 된다. 왜 그럴까? 이것은 사소한 이익에 마음을 빼앗겨서 그렇다. 뭔가 진실을 말하고 정직한 삶을 살았을 경우에 손해 볼 것 같은 생각과 마음 때문에 순간적인 실수를 하곤 한다. 그러나 순간적인 실수가 많아지면 이제는 모든 생각과 마음에 이해관계 중심으로 의사결정을

함께 꿈꾸고 함께 행복하기

하게 되기 때문에 분명히 진실이 아닌지 알면서도 거짓을 말하게 된다. 그러나 거짓은 오래가지 못한다. 때로는 거짓말로 인하여 자신이 이익을 볼 수도 있고 부정한 방법으로 이익을 취할 수 있지만 그것이 거짓이고 부정한 방법이라는 것을 제일 잘 알고 있는 자신의 영혼에게 비싼 값을 지불하게 하는 것이다.

사람은 자기 스스로를 속일 수 없다. 자신이 알지 못하여 실수하는 것은 자신의 영혼이 허락하지만 스스로 무엇이 진실이고 정직한 방법인지 인식하면서도 진실이 아닌 거짓을 말하거나 정직하지 못한 부정한 태도로 행동하는 것은 자신의 영혼이 허락하지 않는다. 진실과 정직한 삶을 요구하는 자신의 선한 양심에 반하여 행동하는 것이 처음에는 익숙하지 않아서 머뭇거리지만 몇 번 반복해서 순간적인 이익에 따라 사고하고 행동하게 되면 점점 선한양심은 안개 낀 양심으로 바뀌게 된다. 지금 전 세계 사람들이 살아가고 있는 라이프스타일 중에서 우리 모두가 서로 속으면서 살고 있는 부분이 꽤 많이 있다. 그것 중 하나가 소비를 위한 소비를 위하여 돈을 벌어야 한다는 강박관념이다.

돈이 가지고 있는 교환력 앞에 우리 모두는 선한 양심을 쉽게 팔아 버린다. 인신 매매, 마약매매, 성매매, 도박, 사기 등은 선한 양심으로 할 수 있는 행동이 아니라는 것을 모든 사람들이 잘 알고 있다. 그런데 지금 전 세계 각 나라는 모두 다 위와 같은 불량한 양심의 행동들을 겪을 수밖에 없는 나라 구조를 알면서도 계속해서 신자본주의를 더욱 가속화시키고 있다. 요즘 중국은 경제적 풍요로 인하여 많은 사람들이 자유를 누리고 있다. 그러나 마음의 힘이 길러지기 전에 밀어닥친 재정의 풍요는 잠시 자유를 줄 수 있지만 그 사회에 많은 문제를 발생시킨다. 돈이 많아지기 전에는 서로 도우며 살았는데 이제 돈맛을 통하여 편리한 삶을 경험한 경제적 풍요자는 그 풍요로움을 계속 유지하고 싶은 마음에 더욱 돈을 추구하게 된다. 돈을 강하게 추구하다 보면 점점 선한양심을 잃게 되고 타인의 이익에 대해서는 무관심하게 되고 자신의 이익을 위해서 거짓과 부정한 행동을 하게 된다.

왜 개발도상국 공무원들이 비리가 많을까? 점점 경제적 풍요를 누리는 일반 국민의 삶이 부러워서 본인들도 그러한 삶을 살고 싶은 욕구 때문이다. 원래 공무원은 봉사 정신과 섬김의 마음으로 어느 정도 검소한 삶을 각오하고 명예심으로 보람을 느끼며 살아가는 직업인데 이것이 어그러진 것이다. 각 나라마다 산업과 경제 발전을 겪으면서 경험하게 되는 흔한 일이지만 각 나라 리더들은 무엇보다 국민들의 선한 양심을 위하여 가치 있고

함께 꿈꾸고 함께 행복하기

의미 있는 삶이 무엇인지 계속해서 대안을 제시하며 몸소 본을 보이며 지도력을 발휘할 때 그 리더에게도 큰 행복감이 넘칠 것이다.

끝까지 진실하고 정직한 삶을 선택한 사람은 그 사람만 아는 놀라운 행복감이 있다. 그러한 삶을 사는 사람이 바로 진정한 자유를 누리는 삶을 살게 되는 것이다. 지금 선진국이라고 하는 미국이나 유럽 국가들 그리고 아시아의 일본, 한국나라들도 다시 제1의 꿈을 이루는 새로운 운동이 시작되어야 한다. 경제가 우선이 아닌 인간의 존엄성이 우선시되고 경제가 그것을 섬기는 시스템으로 새롭게 출발해야 한다. 그래서 모든 인류가 더불어 살아가도록 함께 노력하는 것이다. 인간은 선한 훈련과 선한 학습이 안 되면 본능적으로 이기적이고 자기중심적으로 돌아가 버리는 속성이 있다. 하지만 끝가지 진실과 정직을 추구하는 삶이 참 행복을 가져온다는 사회적 합의가 이루어지도록 우리는 끝까지 인내하며 최선을 다해야 한다.

각 나라가 끝가지 진실과 정직을 추구하는 노력은 각 나라 국민들에게 새로운 희망의 기회를 제공해 주는 것이다. 많은 사람들이 제1의 꿈을 이루어 꿈을 잃어버린 많은 사람들에게 새로운 꿈을 찾도록 도와주는 삶은 아름다운 풍경이 될 것이다. 꼭 우리가 원하는 삶을 이루지 못했을지라도 꿈과 희망을 가지고 살아왔다면 그 자체가 성공적인 행복한 삶인 것이다. 진정한 삶의 행복은 다른 사람이 인정해주는 것이 아니라 자기 자신이 인정해주는 것이 진정한 행복한 삶이다.

함께 꿈꾸고 함께 행복하기

제5장

꿈을 위해서 하지 말아야 할
여섯 가지

1.
돈에 끌려가지 말라

　돈에 끌려가는 인생을 살고 싶은 사람은 아무도 없을 것이다.
삶을 살아야 한다는 무게감 때문에 돈이 필요하다는 현실 앞에
늘 놓여 있는 것이 대부분 인생이다. 이러한 부모님의 치열한 삶
의 현실을 보고 자란 자녀들은 자연적으로 돈을 더욱 추구하게
된다. 늘 부모님과 어른들의 나누는 대화의 8~90%는 돈에 대한
이야기였다. 어떻게 하면 더욱 값진 인생을 살 것인가? 어떻게
하면 사랑을 나눌 것인가?라는 질문보다. 돈 때문에 걱정과 한숨
쉬는 소리를 늘 듣고 자란 다음세대 아이들에게 돈에 끌려가지
말라는 소리는 어불성설이다. 이미 그들의 생각과 마음에 잘 살
려면 돈이 있어야 한다는 사고체계가 깊게 뿌리 내린 상황에서
돈에 끌려가지 말라는 소리는 거짓말로 들리며 왜 어른들은 솔
직하지 않을까?로 생각하게 된다. 결국 자녀들 다음세대 아이들

　　　　　　　　함께 꿈꾸고 함께 행복하기

에게 까지 현실과 미래를 위해서 가장 필요한 것은 경제적 안정이라는 생각이 지배하게 되었다. 그로 인하여 남편만 일해서는 먹고살 수 없으니 아내도 일을 해야 하고 결국 이러다 보니 자녀교육에 신경 쓰기 힘들어서 자녀를 적게 낳게 되고 또는 자녀를 낳지 않는 부부도 많이 생기게 된 사회가 한국 사회이다.

현실을 무시할 수 없고 당장 쓸 돈이 없는 상황에서 돈에 신경 쓰지 말라는 것은 불가능한 일이다. 돈이 없으면 밥도 못 먹고 돈이 없으면 병원도 못 가고 돈이 없으면 아이들 교육도 못 시키고 돈이 없으면 집세도 못 내게 되어 쫓겨난다. 이러한 재정적 궁핍의 상황이 하루 이틀을 지나 한 달, 두 달, 세 달, 육 개월 지나가는데 돈에 끌려가지 말라는 것은 삶을 포기하라는 소리로 들릴 수 있다. 그래서 사실은 서로 도우며 살아야 한다. 서로 도우며 살아야 하는 가정은 무너지고 있고 가족들도 자기 자신 살 생각만 하는 극단적으로 이기적인 세상이 되어 버렸다. 부모에게 효도하고 형제자매 가족끼리 서로 돕고 섬기는 것이 인간의 아름다운 질서인데 물질 중심주의 세상으로 바뀌면서 자신의 현실적 이익과 미래의 이익을 위해서는 부모 형제에게도 절대 손해를 보지 않으려는 문화가 자본주의가 발달될수록 심화되고 있다. 어떻게 하면 이런 문화를 바꿀 수 있을까?

결국 제1의 꿈을 이루도록 서로 도와주는 문화를 만드는 것이다. 제1의 꿈을 이룬 사람이 제2의 꿈도 이루어 이웃들에게 새로운 희망을 주는 삶을 살면 점점 문화가 바뀌게 된다. 그리고 제1의 꿈을 이루기 위해 노력하는 사람들이 각 나라나 단체에 리더가 되도록 해야 한다. 제1의 꿈을 이해한 리더들은 자신의 이익을 위해서 그 리더 자리를 이용하지 않는다.

그런데 어떤 사람은 먹을 것이 넘쳐나고 어떤 사람은 한 끼를 못 먹어 굶는다는 것은 심각한 사회의 불균형이다. 자본주의가 발달된 부유한 나라에는 굶주림이 없어야 하는데 심화된 자본주의는 빈익빈 부익부의 불균형이 더욱 가속화되어 많은 사회 문제를 발생시키고 있다. 제1의 꿈을 이룬 리더들이 이러한 사회 문제 해결을 위해 각 나라의 리더로 나서야 한다. 그래서 자신의 나라 문제도 해결하고 이웃나라와 함께 인류가 더불어 함께 살아가는 문화로 거듭나도록 해야 한다.

홍자는 그럼 구체적으로 어떻게 해야 돈에 끌려가지 않는 삶을 살 수 있을까? 생각했다. 첫째로 성실하게 최선을 다해서 일하는 것이다. 농부가 수확하려면 밭을 갈고 씨를 뿌리고 난 후에 씨가 자랄 때 까지 해 빛과 비를 기대하며 기다리듯이 성실하

함께 꿈꾸고 함께 행복하기

게 최선을 다해서 일하고 아름다운 열매가 맺을 때까지 인내하며 기다려야 한다. 지금자기 자신이 하고 있는 일에 먼저 최선을 다해야 한다. 작은 일에 충성한 사람에게 큰일도 맡기게 되고 작은 돈을 잘 관리하는 사람에게 큰돈도 맡기게 된다. 그리고 다른 사람의 열매에 신경을 쓰지 말아야 한다. 아주 적은 열매에도 감사하며 맛있게 먹으면 더 맛있는 열매를 먹을 기회가 올 수도 있다. 이렇게 작은 일에 충성을 하고 적은 열매에도 감사하는 사람은 돈에 끌려가지 않을 수 있는 힘이 길러진다.

둘째로 청교도 같은 심플라이프를 살자는 것이다. 미국이라는 세계 강대국을 세운 청교도들의 라이프를 우리는 철저하게 배울 필요가 있다. 그들의 근검절약 정신은 그들의 삶을 풍요롭게 했다. 소비의 주인이 내 자신이어야 하는데 소비가 소비를 일으키게 하여 돈을 추구하게 하는 삶은 소비의 노예가 되어 버린 삶이다. 이를테면 내가 사고 싶은 자동차가 벤츠이다. 그런데 나의 재정 상황이 살 수 없는 상황이면 사지 않는 것이다. 지금 내가 사고 싶다는 마음이 잠깐 들 수 있지만 내가 소비의 주인이면 그것에 마음을 빼앗기지 않는다. 그래서 다른 사람이 벤츠를 타고 다녀도 나는 부러워하지 않는다. 나도 잠시 타고 싶었지만 나의 재정상황에 맞게 내가 사지 않기로 내가 결정한 것이다. 이 마음의 힘과 의지가 매우 중요한 원리이다.

돈만 있으면 벤츠를 살 텐데 하는 마음이 계속된다면 그것은 나의 소비 주권을 물질에 빼앗겨 버린 것이다. 우리 인생에 물질과 돈이 굴복하고 섬기도록 하는 것은 마음의 힘을 키워야 가능하다. 제1의 꿈을 통하여 내 인생의 주도권을 타인의 시선과 현실에 빼앗기지 않고 내가 주도권을 가지고 근검절약하는 소비 생활을 하면 돈에 끌려가지 않게 된다. 구체적인 방법으로는 신용카드를 사용하지 않고 현금을 사용하는 것, 또한 제품을 할부로 구입하지 않는 것, 가계부를 작성하는 것, 충동구매를 삼가하는 것 등이다.

셋째로 돈을 위해 선한 양심을 속이지 말자는 것이다. 돈 되는 일이면 무엇이든지 하겠다는 생각과 마음은 매우 위험한 것이다. 서울에 왜 그렇게 음란 산업이 많을까? 수요와 공급이 많기 때문이다. 수요자가 아무리 음욕을 돈으로 살려 해도 공급자가 적으면 그 산업은 불황을 맞게 되고 점점 사라진다. 왜냐하면 공급하는 사람들이 소수이기 때문에 성을 사는데 비싼 돈을 줄 수밖에 없기 때문에 아주 소수만 그런 행동을 하기 때문에 그 산업이 성공할 수 없다. 또한 지금 전 세계 온라인 비즈니스 중에 성

함께 꿈꾸고 함께 행복하기

관련된 음란 사이트 수입이 매우 많은 돈을 벌고 있다. 이러한 어두운 산업을 통하여 흐르는 돈은 사람의 영혼육을 점점 병들게 하며 세상을 어둡게 만들고 가정을 파괴한다.

돈에게 선한 양심을 한번 양보하면 그것을 다시 찾아오기가 매우 어렵다. 돈이면 무엇이든지 된다는 돈 중심 사고체계를 새로운 변화와 혁신을 통하여 제1의 꿈을 이루기 위해 불의와 타협하지 않는 사고체계로 바꾸어야 한다. 다른 사람에게 피해를 주거나, 속이거나, 어둡게 번 돈은 자신의 영혼에게 상처를 주고 번 돈이기 때문에 훗날 상처를 치유하는 데 더 많은 돈이 들어갈 위험이 있다. 그러므로 절대로 돈을 위해 선한 양심을 속이지 말아야 한다.

2.
순간의 기분에 노예가 되지 말라

　가장 아름답고 행복한 인생 중 하나가 감정을 다스리며 즐겁게 사는 인생일 것이다. 사람을 움직이는 것이 이성인 것 같지만 사실은 감정이다. 우리가 어떤 물건을 살 때도 마지막으로는 좋은 감정이 있어야 한다. 아무리 필요한 물건이라도 감정에 욕구가 일어나지 않으면 사지 않게 된다. 그러나 감정은 이성과 결합할 때 지혜로운 선택을 할 수 있다. 감정으로만 선택을 하면 많은 경우 후회하게 되는 경우가 있다. 그래서 순간의 기분, 순간의 감정에 이끌려 의사선택을 하면 안 된다. 마음이 평화로운 상태에서 무언가를 결정하고 선택해야 지혜로운 선택을 할 수 있다.

　솔로몬의 선택을 보면 감정과 이성의 조화를 통하여 탁월한 지혜로운 선택을 한 경우이다. 실제 엄마의 행동과 가짜 엄마의

　　　　　　　함께 꿈꾸고 함께 행복하기

행동을 살펴보고 지혜롭게 판단한 것이다. 만약 한쪽 이야기만 듣고 순간적 감정에 의해서 판단했으면 그렇게 지혜로운 선택을 할 수 없었을 것이다. 그래서 평상시에 좋은 감정을 유지하는 훈련을 열심히 해야 한다. 평상시에 좋은 책을 읽고 좋은 생각을 깊게 하고 선한 삶을 사는 사람은 감정이 작동해야 할 때 순간의 기분에 끌려가지 않고 통합적으로 사고하며 균형 있는 감정으로 의사결정을 하게 된다.

우리가 어떤 사람들과의 관계에서도 평상시에 선한 생각과 선한 마음으로 대화하며 지낸 사람들과는 좋은 감정이 많이 쌓여 있어서 상대방이 갑자기 예상치 않은 행동을 하거나 이상한 말을 해도 즉시 흥분하지 않고 상대방의 의도에 대해 여유 있게 생각하게 된다. 우리가 삶을 살아가면서 대부분 실수는 순간의 기분에 따른 급한 결정 때문인 경우가 아주 많다. 홍자도 순간의 기분에 따라 의사 결정을 하곤 해서 재정적으로, 관계적으로 많은 손해를 보곤 했다. 이제 홍자는 어떤 결정이든지 서두르지 않으려고 노력을 많이 한다. 홍자는 아이디어가 많고 창조적이고 진취적인 사람이어서 순간의 감정으로 의사결정을 할 가능성이 많은 기질을 가지고 있어서 실수를 많이 했다.

자신감이 넘치고 무엇이든지 하면 잘될 것 같은 기질을 갖고 있는 사람은 특별히 더욱 조심하여 천천히 생각하고 천천히 결정을 해야 한다. 사실 인류 역사에서 세계 전쟁이나 각 나라 전쟁의 역사를 살펴보면 탑 리더들의 성급한 결정이 전쟁을 일으킨 경우가 매우 많다. 제1의 꿈을 이루어 가려고 열심히 노력하는 사람은 시야가 좁지 않고 순간의 기분에 끌려가지 않고 넓게 보고 멀리 보고 천천히 걷게 된다.

3.

내일 일을 미리 당겨서
걱정하지 말라

　가장 행복하게 사는 인생은 오늘을 즐거워하는 것이다. 그런데 많은 사람들이 근심과 염려로 행복한 오늘을 잘 누리지 못한다. 그 이유는 대부분 내일에 대한 걱정과 염려 때문이다. 이 책을 읽고 있는 여러분이 걱정되는 무엇이 있다면 한번 그 염려를 종이에 작성해 보아라. 염려를 종이에 작성해 보면 사실은 아직 오지도 않은 현실을 미리 당겨서 걱정하는 것이 대부분이다. 그러면 사람들은 왜 내일을 당겨서 걱정하게 될까? 그것은 현재의 삶에 감사와 만족이 없기 때문이다. 나의 현재 주어진 현실에 감사하며 자족하면 내일에 대한 염려도 점점 사라지게 되고 새로운 꿈을 이룰 수 있는 터전을 마련하게 된다. 이 책을 손에 잡고 읽는 사람 당신은 이미 행복한 사람이다.

제1의 꿈을 이루어 보고 마음의 힘을 키워 보겠다고 마음먹은 자체가 이미 행복한 성공을 향한 행진이 시작된 것이다. 홍자처럼 내일에 대해 염려가 많은 사람은 없었다. 홍자는 지금의 상황에 항상 만족하지 못하고 항상 새로운 것을 추구하다 보니 늘 염려가 많았다. 자기가 지금 계획하는 일이 내일 잘 안되면 어떡하지? 자기가 제안하는 아이디어에 대해서 사람들의 반응이 소극적이면 어떡하지? 사람들이 자신에 대해서 수근수근거리면 어떡하지? 늘 생각이 복잡하고 내일에 대해서 염려가 많았다. 그래서 어느 날 지혜 스승을 찾아가서 스승과 함께 삶에 대해서 깊은 토의를 하게 되었다.

지혜 스승은 홍자에게 내일을 염려하지 않고 사는 방법을 몇 가지 알려 주었다. 첫 번째는 자신이 사람임을 감사하라 했다. 동물이 아니고 사람인 것만 해도 무조건 감사하라는 것이다. 모든 사람이 사람인데 사람이 뭐 특별하냐고 질문했더니 그렇게 질문하는 것 자체가 생각이 있는 사람이니 감사하라는 것이다. 홍자는 잘 이해가 안 되었지만 자신이 동물이 아니고 사람임에 틀림없으니 감사하기로 했다. 둘째는 생각을 할 수 있음에 감사하라는 것이었다. 지혜 스승은 말하기를 세상은 생각으로 사는 것이라 했다. 인간이 만든 세상의 모든 편리한 제품은 사람의 생각에서 나왔다는 것이다.

모든 사람이 생각을 하고 홍자만 특별히 생각하는 것도 아니라고 했더니 그렇게 말한 것은 홍자 생각이라고 했다. 똑같은 상황에서 똑 같이 말을 하지만 생각은 모두 다르다는 것이다. 각 사람의 유전자가 모두 다르듯이 각 사람의 생각은 모두 다르다는 것이다. 사람의 모든 생각은 말로 모두 표현할 수 없으며 생각은 인간의 유전자 못지않게 복잡하다는 것이다. 그 사람의 생각은 그 사람만이 알고 아는 분은 오직 하나님 한 분이라는 것이다. 생각할 수 있다는 것은 살아 있다는 증거이고 큰 축복이라는 것이다. 이렇게 감사하는 삶을 살다 보면 내일 일을 당겨서 걱정하지 않게 된다는 것이다.

4.
부정적인 생각과
부정적인 말을 하지 말라

　사람은 태어나서 교육 훈련하지 않으면 지능 발달이 늦어져서 사회 적응력이 매우 낮아진다. 긍정적인 생각과 긍정적인 말을 하는 사람과 부정적인 생각과 부정적인 말을 하는 사람의 차이는 성장 과정의 가정환경과 사회 환경의 영향을 많이 받는다. 가정과 사회 환경이 안정적이고 밝으면 긍정의 생각과 긍정의 말을 하는데 가정과 사회 환경이 불안정하고 어두우면 부정의 말과 부정의 생각을 하게 된다. 그런데 이러한 환경은 자신이 선택할 수 있는 것이 아니기 때문에 사람은 평상시에 교육과 훈련을 통하여 어떤 상황에도 적응 할 수 있도록 해야 한다. 그런데 이렇게 교육과 훈련을 잘 받은 사람도 계속 위험에 노출되면 긍정의 생각과 긍정의 말이 점점 위험스러운 생각과 부정적으로 말하는 사람들을 따라 하게 된다.

　　　　　함께 꿈꾸고 함께 행복하기

홍자에게 세 아이를 둔 젊은 아빠가 상담하러 왔었다. 이렇게 아주 젊은 아빠는 고등학교 시절에 아주 유망한 레슬링 금메달 선수였는데 코치의 무리한 요구로 체중 감량을 위해 약물을 복용하게 되고 그것이 발각되어 선수 생활을 그만 두게 되었다. 자신의 미래의 꿈을 잃어버린 것이다. 이로 인하여 부정적인 생각과 마음이 그를 지배하기 시작하였고 결국 폭력과 나쁜 행동으로 소년원 생활을 해야 했다. 만약 이 젊은 아빠가 제1의 꿈과 제2의 꿈의 원리를 잘 알고 있었다면 설령 선수의 꿈이 포기되었어도 새로운 제1의 꿈의 달성을 통하여 다시 제2의 꿈을 이룰 수 있었을 텐데 이러한 것을 잘 알지 못한 이 젊은 아빠는 제2의 꿈을 잃어버리면 모든 것이 끝나는 것으로 생각했고 불량배들과 어울리면서 아주 중요한 청소년 시기를 어두운 터널 속에서 보내게 되었다고 한다. 그리고 처음에 소년원에 가서는 정신을 차리고 잘 살아 보려고 했지만 소년원에서 만난 친구들의 부정적인 생각과 부정적인 말이 이 젊은 아빠를 유인하여 결국 약 4년 이상을 소년원에서 보내게 되었다.

참 아이러니한 것은 범죄를 저지른 사람을 교화하기 위해서 소년원에 보내는데 오히려 그곳에서 범죄적인 부정적인 생각과 마음 그리고 부정적인 행동과 말을 배워서 나온다는 것이다. 결국 사람은 어리면 어릴수록 교육과 훈련이 더욱 효과적이다. 그래서 영유아기 때부터 안정적이고 밝은 교육과 훈련을 통하여 어떤 상황에서도 꿈을 잃지 않고 늘 긍정적인 생각과 긍정의 행동과 말로 살아가도록 해야 한다. 홍자의 나라, 대한민국은 경제 성장과 발전에 우선순위를 두고 나라가 달려오다 보니 아주 중요한 몇 가지를 놓치고 말았다. 더불어 함께 공동체 일원으로, 건강한 나라 시민으로 살아가는 방법과 긍정적인 생각과 긍정적인 행동을 기반으로 살아가는 방법을 토의하고 교육하기 보다는 경쟁적인 생각과 행동으로 끌려가게 하는 사회 현상이 사람들의 생각과 마음 그리고 행동을 지배하는 분위기가 많다.

이제 대한민국은 새롭게 태어나야 하는 변혁의 시기에 있다. 유럽 선진국의 시민의식을 천천히 배워야 하는 중요한 시즌에 와 있다. 특별히 대한민국의 정치 지도자 그리고 정부 리더들, 교육, 문화, 예술, 종교, 스포츠, 비즈니스 리더들이 자신의 성공과 성취감보다 우선적으로 이웃의 성공, 공동체의 건강함을 위해서 리더들 스스로가 양보하고 손해를 보는 섬김이 절대적으로 필요하다. 건강한 사회, 건강한 국가에서 긍정적인 생각과 긍정적인 말이 잘 보전된다. 하지만 개인들 역시 사회단체나 국가 그리고 리더들의 연약함을 핑계 삼지 말고 스스로 노력해야 한다.

함께 꿈꾸고 함께 행복하기

한 사람 한 사람이 건강한 생각과 건강한 마음으로 말하고 행동하면 리더들도 변할 수밖에 없다. 왜냐하면 지도자나 리더들도 자세히 살펴보면 한 사람의 개인이다.

5.
불의와 타협하지 말라

　잃어버린 꿈을 찾아 나서는 꿈쟁이들은 불의를 싫어한다. 홍자는 꿈을 찾아 나서는 사람들이 하지 말아야 할 여섯 가지를 생각하면서 제일 중요하게 생각하는 것은 진실함이다. 홍자는 비즈니스를 시작할 때 항상 성경적인 원칙에 근거해서 비즈니스하려고 열심히 노력하였다. 처음에는 정직하고 진실된 마음으로 비지니스하려고 몇 번 다짐을 하지만 시간이 지나면서 점점 현실과 상황의 논리가 정직하고 진실함을 점점 허물기 시작한다. 그렇게 하는 것이 관례인데 왜 나만 유별나게 그럴 필요가 있나 하면서 슬그머니 불의와 타협을 하고 만다. 그러나 불의와 타협을 하는 순간부터 점점 떳떳하지 못하는 양심이 사람의 마음을 불편하게 만들곤 하였다.

　함께 꿈꾸고 함께 행복하기

사람이 불의와 타협하게 되는 이유는 성과 중심주의 생각 때문이다. 과정을 중시하고 성과는 과정의 열매로 생각하면 쉽게 불의와 타협하기 어려운데 성과를 중요하게 생각하고 단기적 이익에 마음을 빼앗기다 보니 급한 마음에 불의와 타협을 하게 된다. 그러나 불의와 타협한 비즈니스나 모든 행동은 오래 가지 못한다. 반드시 부정은 드러나게 되어 있다. 절대로 불의와 타협하지 않고 정직하고 진실하게 살겠다고 결단을 하면서 살아가면 잃어버린 꿈을 다시 찾을 수 있는 기회가 생긴다. 사실 모든 사람에게는 양심이라는 아주 귀한 하나님의 선물이 있어서 양심에 꺼리는 생각이나 행동을 하게 되면 사람과의 관계가 부자연스러워지며 서로 외식하는 인간관계가 되어 버린다.

사람이 떳떳하고 행복하게 사는 비결은 불의와 타협하지 않고 정직하게 사는 것이다. 정직하고 진실하게 사는 사람 주변에는 그렇게 정직하고 진실하게 사는 사람이 모이게 되고 불의와 타협하면서 사는 사람 주변에는 그렇게 부정한 사람이 모이게 된다. 결국 내 자신이 어떤 삶을 선택하느냐가 중요하다. 설령 자기 자신에게 손해가 발생하고 불편한 일이 생기더라고 절대로 불의와 타협하지 않고 정직하고 진실하게 살겠다고 결단하고 살아가는 사람들의 미래는 밝으며 성공으로 가는 길이 준비되는 경우가 많다.

6.

사람들을
쉽게 판단하거나 비판하지 말라

어떤 사람이 다른 사람을 쉽게 판단하거나 비판하는 것은 다른 사람보다 자신이 우월하다는 생각과 더 지혜롭다고 스스로 생각하기 때문이다. 이렇게 남을 판단하고 비판하는 사람의 주변에는 사람들이 많지 않다. 왜 그럴까? 대부분 사람들은 사랑과 칭찬의 말을 듣고 싶어 한다. 누군가로부터 판단과 비판의 소리를 듣게 되면 그 소리를 듣는 그 사람도 비판을 하게 된다. 이렇게 서로 비판하게 되면 서로의 관계는 불편해지고 깨어지게 된다. 이웃을 쉽게 판단하고 비판하는 경우는 그 사람이 겸손과 은혜를 잊어버리고 교만하기 때문이다.

그래서 성경에서는 특별히 판단과 비판을 하지 말라고 강조한다. 신약 성경 로마서 2장에서 판단을 특별히 경계하고 있다. "그

함께 꿈꾸고 함께 행복하기

러므로 다른 사람을 판단하는 사람도 변명할 수 없게 되었습니다. 다른 사람을 판단하는 사람은 자신도 똑같은 행동을 하고 있으므로, 자기 자신을 판단하는 셈입니다. 이런 일을 행하는 사람들에게 하나님께서 의로운 심판을 내리시리라는 것을 우리는 알고 있습니다. 악한 일을 행하는 사람들을 판단하면서 실은 자신도 똑같은 일을 하고 있는 사람에게 한 마디 하겠습니다. 그대가 혹시라도 하나님의 심판을 피할 수 있다고 생각합니까? 그렇지 않다면, 하나님의 자비로우심이 여러분을 회개로 이끄신다는 것을 깨닫지 못하고, 그분의 자비로우심과 넓으신 아량과 오래 참으심의 풍성함을 멸시하는 것입니까? 어리석게도 이런 사람은 완고하고 회개하지 않음으로 말미암아, 하나님의 의로우신 심판이 나타나는 날에 받을 진노를 스스로 쌓고 있습니다. 하나님께서는 각 사람이 행한 그대로 갚아 주실 것입니다." 결국 다른 사람을 판단하는 것이 자신을 파멸로 이끈다는 것이다. 또 신약 성경에 보면 산위에서 예수가 말한 교훈이 있다.

일명 산상수훈이라 하는데 그 교훈에서도 비판을 특별히 경계하고 있다. "비판을 받지 않으려면, 비판하지 마라. 너희가 비판한 그대로 비판을 받을 것이며, 너희가 판단한 기준에 따라 너희도 판단 받을 것이다. 어찌하여 네 형제의 눈 속에 있는 작은 티는 보면서, 네 눈 속에 있는 나무토막은 보지 못하느냐? 네 눈 속에 나무토막이 있으면서, 어떻게 네 형제에게 '네 눈 속에 있는 작은 티를 빼주겠다.'라고 말할 수 있느냐? 위선자들아! 먼저 네 눈 속에 있는 나무토막을 빼내어라. 그 후에야 잘 보여서 네 형제의 눈 속에 있는 티를 빼낼 수 있을 것이다." 다른 사람을 판단하려는 그 판단 기준으로 자신이 판단을 받게 되기 때문에 더 이상 판단을 하지 말라는 것이다. 그럼 다른 사람의 부정하고 잘못된 행동에 대해서 아무 말도 하지 말라는 것인가? 꼭 그렇지는 않다. 다른 사람보다 자신이 우월하다고 생각하며 교만한 마음으로 그 사람을 판단하고 비판하지 말라는 것이다. 정직하지 못하고 불의한 말과 행동을 하는 사람에게는 그 말과 행동이 그 사람을 오히려 다치게 할 것이라고 말할 수 있다. 즉 사랑과 진실한 마음으로 말하고 행동하라는 것이다. 나는 의롭고 너는 불의해 이러한 생각과 마음으로 말하지 말라는 것이다. 자신이 생각하기에 의롭지 못하고 불의한 말과 행동을 접하게 되었을 때 먼저 상황을 잘 파악하고 왜 그렇게 불의한 생각과 거짓된 마음을 갖게 되었을까? 깊게 생각한 후에 그 사람에게 그 상황을 분별하여 전달하고 싶으면 끝까지 사랑과 진리로 말하라는 것이다. 그 말을 듣는 사람이 자신을 판단하고 비판하는 것이 아니라 사랑과 교훈의 말이구나. 들을 수 있도록 지혜롭고 현명하게 말하고

함께 꿈꾸고 함께 행복하기

행동하라는 것이다.

홍자의 기질은 남을 쉽게 판단하고 비판하는 사람이었다. 그래서 홍자는 다른 사람을 쉽게 판단하고 비판하는 말과 행동으로 수많은 공격을 받았다. 홍자는 어느 날부터 다짐을 했다. 교만하지 말자 교만은 다른 사람을 불편하게 만들고 상대방과 깊은 소통을 하는데 큰 방해가 되니 절대로 교만하지 말고 온유와 겸손의 말과 행동을 하자 결단하고 그렇게 생각하고 말하기 위해 노력하기 시작했다. 그렇게 몇 년을 보냈더니 점점 사람들이 홍자의 말에 귀를 기울이기 시작했고 사람들과 관계가 아주 좋아지게 되었다. 이제 점점 홍자는 다른 사람을 판단하거나 비판하기보다 오히려 이웃을 칭찬하고 격려하고 사랑하는 말을 즐겨하게 되었다.

제6장

인간관계에서
제1의 꿈을 이루는 삶

1.
이웃의 한 생명 한 생명의 존엄성을
마음 깊이 새겨라

　인간이 선할 때는 한없이 선한데 그러하지 못할 때는 동물들보다 못할 때가 있다. 동물들도 같은 사자끼리 같은 호랑이끼리는 물어뜯거나 죽이지 않는다. 그런데 인간을 물어뜯고 죽이는 것은 다른 종류가 아닌 바로 인간들이다. 이 땅에 태어난 인간은 모두 소중한 사람이다. 어떤 모습으로 태어났든지 모든 인간의 생명은 소중하다. 인간의 존엄성은 반드시 지켜져야 하며 어떤 인간도 다른 인간의 생명을 경홀히 여겨서는 안 되며 또한 자신의 생명을 보존하기 위해 다른 사람의 생명을 이용해서는 안 된다. 오늘 이 순간도 지구촌 곳곳에서 전쟁과 살인, 폭동, 테러 등으로 이웃의 생명을 공격하는 행동들이 일어나고 있다. 매우 가슴 아픈 현실이다.

인류에게 완전한 평화는 불가능하지만 평화가 무엇인지 아는 사람은 더 이상 다른 사람의 생명과 평화를 깨뜨려서는 안 된다. 그러면 왜 사람들은 다른 인간의 생명의 존엄성을 마음 깊이 새기지 못할까? 그것은 바로 인간의 욕심이다. 자기에게 주어진 현실에 감사하고 그 현실을 받아들여야 하는데 욕심을 부려 이웃 것을 탐내다 보니 무리한 행동을 하게 된다. 자신을 진정으로 사랑하는 사람은 이웃의 생명도 소중하게 생각하게 된다. 건강한 자화상이 있는 사람은 타인을 매우 존엄하게 배려한다. 바로 제1의 꿈을 이룬 사람은 한 생명 한 생명의 존엄성을 마음 깊이 새기며 이웃과 함께 더불어 행복하게 살아간다.

2.

이웃과의 관계에서
상대방이 말하는 것을 진심으로 경청하라

　모든 사람의 성장은 인간관계에서 시작된다. 인간관계에서 제일 중요한 것이 신뢰이다. 이웃을 전적으로 신뢰하는 마음이 있으면 모든 관계가 평화스럽고 행복한 인간관계가 형성된다. 그러나 서로 불신이 쌓이고 신뢰가 깨지면 인간관계는 평화가 사라지고 매우 불편해지고 생산적이고 창조적인 관계 형성이 안 된다. 이것은 나라와 나라의 관계에서도 마찬가지이다. 지금 대한민국과 북한은 서로 적대관계에 있기 때문에 서로 믿지 못한다. 서로 신뢰하지 못하기 때문에 상호관계에 평화가 있을 수 없다. 언제든지 기회면 되면 자기 이익을 위해서 상대방에게 손해를 가할까 기회를 노리게 되고 상대방이 작은 손해라도 입히면 몇 배로 갚아주려는 행동을 하곤 한다. 남한과 북한은 서로 대화를 통하여 상대방의 말을 신뢰하는 연습을 많이 해야 한다. 남한과 북한이 서로 신뢰하여 평화 통일이 이루어지면 세계 평화에 아주 좋은 영향력을 형성하게 될 것이다. 이웃과 관계에서 서로 마음을 열고 대화를 많이 하다 보면 서로 신뢰가 쌓여간다. 신뢰가 하루아침에 형성되지는 않는다. 서로 믿음을 주고받는 대화를 많이 하다 보면 깊은 신뢰 관계가 형성된다.

인간관계에서 첫째는 서로 신뢰를 깨뜨리지 않도록 인간관계를 형성해 가는 것이 제일 중요하다. 한번 깨어진 신뢰를 회복하기는 매우 많은 시간과 에너지가 필요하다. 서로 깊은 신뢰를 형성해가는 것 방법 중 하나가 이웃의 말을 있는 그대로 인정해 주는 것이다. 내가 상대방을 신뢰하면 상대방도 나를 신뢰하게 된다. 설령 잠시 상대방이 신뢰를 깨는 행동을 했더라도 그 사람을 이해하고 용납하려고 하면 상대방도 돌이켜서 다시 신뢰의 영역으로 들어온다. 그래서 상대방이 어떤 사실을 말하면 있는 그대로 인정해 주는 것이 중요하다. 서로 인정해 주고 서로 신뢰하는 마음이 중요하다.

사람은 인간관계를 태아 때부터 배운다. 인간의 첫 출발은 모두 다 여자의 자궁에서 시작된다. 엄마라는 사람이 없이 태어난 사람은 한 명도 없으며 모든 인간은 약 10개월간 엄마의 자궁에서 세상에 나갈 준비를 한다. 태아 상태에 있을 때 엄마의 느낌을 그대로 받는다. 그래서 태아기 상태일 때 엄마의 감정은 너무 중요하기 때문에 각 나라 리더들은 임신한 여성들을 특별하게 보호해서 건강한 아기가 태어나도록 특별히 배려해야 한다. 제 1의 꿈을 이루는 엄마들이 되도록 우리는 서로 도우며 노력해야 한다. 인류의 성장과 성숙을 위하여 각 나라의 엄마들의 역할이 중요하다.

깨어진 신뢰관계를 어떻게 회복할 수 있을까?

첫째는 사실을 정확히 파악해야 한다.

무엇 때문에 신뢰 관계가 깨어졌는가?를 자세히 점검해야 한다. 요즘 부부들이 신뢰가 깨어져서 이혼을 하는 경우가 매우 많다. 자녀들이 상처를 받을 수밖에 없는 현실을 알면서도 한 몸이었던 부부가 이혼을 통하여 남남으로 갈라서는 아픔을 겪게 되는 주원인은 신뢰가 깨어진 것 때문이다. 외도이든지, 폭행이든지, 경제문제이든지, 기타 문제이든지 서로 신뢰가 있으면 모든 문제를 함께 풀어 갈 수 있는데 서로 깨어진 신뢰로 인하여 작은 문제가 점점 커져 보여서 결국 한 몸을 찢어야 하는 아픔을 서로 겪게 된다. 그 만큼 인간 서로에게 신뢰는 중요하다. 무엇 때문에 신뢰 관계가 깨어졌는가를 파악하는 것이 결코 쉬운 일은 아

함께 꿈꾸고 함께 행복하기

니다. 서로 주장하는 것이 다르기 때문이다. 사실을 파악한 이후에 상대방의 잘못한 점을 지적하면 안 된다. 누구 때문이라는 생각을 갖지 말고 일단 사실 파악만 해도 대강 그림이 그려진다.

둘째, 자신이 신뢰를 깨뜨린 말이나 행동을 철저히 뉘우친다.
상대방에게 잘못을 사과하기 전에 자기 스스로 철저한 뉘우침이 있어야 한다. 자신의 완전한 뉘우침이 없이 즉흥적으로 사과하다 보면 오히려 더 신뢰를 깨뜨릴 수가 있는 것을 많이 경험했다. 진정한 회개는 나의 잘못을 상대방에게 말했는데 상대방의 반응이 냉담하더라도 나의 마음이 요동하지 않을 때 진정한 회개가 된 것이다. 내가 잘못했다고 시인했는데도 그 사과를 받아 주지 않을 때 매우 힘든 것이 사실이다. 그런데 당장 그 앞에서 받아 주지 않더라도 나의 진심이 담긴 사과는 이미 상대방의 마음을 흔들어 놓기 때문에 사과하고 조금 기다리면 하루 이틀 지나면서 상대방은 그 사과를 받아들이게 되고 그 상대방도 용서를 구하며 다시 신뢰관계가 새롭게 구축된다. 한번 무너진 신뢰관계를 회복하는 데는 반드시 시간이 걸린다. 즉시 서로 용서를 하고 신뢰를 회복하는 것도 가능하지만 한번 깨어진 신뢰는 좀 시간이 걸려서 회복되는 것이 훨씬 유익하다. 신뢰를 회복하려는 마음은 계속 유지하되 너무 의도적으로 무리하게 서두를 필요는 없다.

셋째, 진심으로 상대방을 축복하라.

나로 하여금 상대방이 상처를 입었다고 생각된 순간부터 그를 진심으로 축복하라. 감정과 이성이 하나로 통합될 때 제일 좋은 인간관계가 형성되는데 신뢰가 깨어지면 이성과 감정이 따로 놀게 된다. 상대방의 말이나 행동이 이해는 되는데 감정에서 그를 받아들여지지 않는 경우가 매우 많다. 이렇기 때문에 상대방의 감정을 위해서 조건 없는 축복의 마음과 행동이 필요하다. 그리고 진심으로 상대방을 축복해야 한다. 진심이 아닌 형식적 축복의 마음이나 행동은 상대방의 감정을 회복시키지 못한다. 그리고 나로 인한 상처가 치유되기를 원하는 진정성 있는 마음으로 상대방을 축복하면 어느 순간 신뢰가 회복되어지며 새롭고 더 좋은 신뢰관계가 형성될 수 있다. 진심이 담긴 사람의 표현은 상대방을 마음을 움직인다. 죄송해요, 미안해요, 사과합니다. 고마워요, 감사해요, 사랑해요라고 표현하라.

홍자의 둘째 아들이 홍자를 매우 화나게 했다. 그래서 화를 내려고 큰마음을 먹고 전화했는데 그 아들이 아빠 죄송해요, 아빠 사랑해요라는 말에 감동을 받고 화를 낼 수가 없었고 이성적으

함께 꿈꾸고 함께 행복하기

로 자세히 그 아들의 잘못을 설명할 수가 있었다. 그리고 상대방의 잘못한 점을 알아도 절대로 다른 사람에게 험담하지 말라. 제3자에게 상대방의 스토리를 이야기할 때 명심해야 한다. 낮에 하는 말은 새가 듣고 밤에 하는 말은 쥐가 듣는다는 것을 명심하고 항상 칭찬과 격려의 말을 해야 한다. 상대방의 잘못을 보게 된 것은 자신을 거울로 보라는 것이다. 자기 자신도 그렇게 실수할 수 있음을 알라는 것이다. 그렇지 않은 사람에게는 상대방의 실수가 안 보인다. 잘못을 하고 실수를 범한 상대방을 불쌍히 여기고 진실한 마음으로 대하고 축복할 때 그 축복이 자기 자신에게 돌아오게 된다. 제1의 꿈을 이룬 사람들은 자신의 축복보다 상대방의 축복을 먼저 생각하는 경우가 많기 때문에 자기 자신이 생각한 것 보다 더 큰 축복을 누리게 되는 경우가 많다. 조건 없는 상대방의 축복은 자기 자신에게 엄청난 복으로 돌아온다. 일단 무언가를 바라고 축복하는 것이 아니기 때문에 상대방도 순수하게 받게 되며 상대방의 반응에 따라서 반응하지 않기 때문에 상호간에 매우 자연스러운 인간관계가 형성이 된다.

넷째, 포기하지 말고 끝까지 노력하라.
신뢰를 회복하려고 몇 번 시도하다가 안 되면 대부분 쉽게 포기해 버린다. 신뢰를 회복하기 위해 조금 시도하다 상대방이 마음을 안 열면 대부분 사람들은 그 사람 안 보면 되지 하는 마음을 갖는다. 하지만 그 사람과 신뢰를 깨어지게 한 나의 모순적인 행동이 다른 사람과 관계에서 또 나타날 위험이 있으니 끝까지 노력하면서 자신의 단점을 수정해 보는 것이다. 끝까지 최선을 다했으면 그 다음에는 기다리면 된다. 최선을 다했다는 마음이 들면 우연히 그 사람을 만나더라고 거리낌 없이 만날 수 있게 된다.

함께 꿈꾸고 함께 행복하기

3.
상대방의 말을 끝까지 경청하라

상대방을 말을 끝까지 경청하는 것은 참 재미있는 일이다. 이웃과 관계에서 그 사람과 친해지는 가장 좋은 방법은 상대방을 끝까지 경청하며 계속 듣는 것이다. 겉으로 들으면 안 되고 진심으로 들어야 한다. 상대방 말을 진심으로 들으면 상대방 마음과 자신의 마음에 래퍼(다리)가 형성되어 더 깊은 친밀감으로 나아가게 된다. 자신이 아는 것이 많다고 생각하는 사람이나 지식이 풍부한 사람은 상대방의 말을 끝까지 잘 못 듣고 상대방이 말하는 순간 다음에 자신이 무슨 말을 해 줄까 벌써 떠 올리게 된다. 그러면 그 사람과 관계가 지속되지 않으며 상대방의 깊은 마음을 알 수가 없다. 제1의 꿈을 이루는 사람은 다른 사람의 인생에 관심이 많기 때문에 듣기를 잘 하는 사람이다.

상대방의 말을 잘 경청하며 효과적인 질문만 잘 던져도 상대방으로부터 존중을 받게 된다. 상대방과 대화를 나누다가 내 의견과 다르고 상대방이 잘 못 알고 있는 경우가 있을 때 어떻게 할 것인가? 의견 다름을 반드시 인정해야 한다. 대화의 주도권을 잡으려하지 말고 주도권을 상대방에게 양보하라. 진심으로 양보하면 상대방은 곧 알아차리고 나를 겸손하게 대한다. 그리고 설령 잘못 알고 있고 틀리더라고 절대로 가르치려 들지 말라. 자신이 알고 있는 것만 이야기하면 된다. 아무리 옳은 이야기를 해도 상대방이 마음을 열지 않으면 아무 소용이 없다, 상대방이 틀린 이야기를 해도 공감을 해 주면서 상대방의 마음을 진심으로 헤아리면 상대방은 곧 자신의 상황을 인식하게 된다. 설령 대화 현장에서 상대방의 틀린 내용을 그대로 수용했다고 해도 문제될 것이 없다. 상대방은 자신이 틀린 말을 하게 되면 듣는 사람의 반응을 통하여 시간이 조금 지나면 자신이 하는 말이 문제인지 곧 알게 된다. 설령 문제인지 모르게 되어도 상관없다. 상대방은 자기 자신을 모두 받아주는 그 이웃을 매우 소중하게 생각하며 다시 대화할 기회를 갖게 된다. 제1의 꿈을 이룬 사람은 상대방을 전심으로 경청하며 끝까지 인내하게 된다.

가족 구성원끼리 식탁에 앉아서 이야기 할 때도 어른들이 말을 많이 하게 된다. 어른 들이 말을 많이 하게 되면 재미있는 식

함께 꿈꾸고 함께 행복하기

탁이 안 되고 교훈 식탁이 될 확률이 매우 많다. 어른들은 질문을 던지고 젊은이들에게 떠들 수 있는 기회를 많이 주어야 한다. 어른들이 젊은 사람들의 말을 잘 경청하게 되면 그 젊은이는 그 어른을 좋아하게 된다. 자기를 가르치려는 사람보다 자신의 말을 잘 들어 주는 사람을 좋아하게 되고 그러다가 아주 가끔 어른이 던지 한마디가 이 젊은이들을 감동으로 이끌어 인생을 바꾸기도 한다. 마무리 교훈적인 말이어도 마음이 닫혀진 상태에서 들려지는 말은 이성만 잠시 깨울 뿐 마음을 깨울 수 없어 사람을 이끌지 못한다. 그리고 어른들이 끝까지 경청하는 태도를 보이면 젊은이들도 그것을 본받아 잘 경청하게 된다. 한 공간 안에 사는 가족은 말뿐 아니라 호흡으로, 몸으로, 얼굴 표정으로, 눈빛으로, 태도 하나하나로 대화하게 된다. 그래서 가족에서나 회사에서나 상대방을 전체로 경청하는 것이 매우 중요하다.

잘 경청한다는 것은 상대방을 있는 그 모습 그대로 받아들인다는 것이다. 결국 마음의 힘이 건강하지 않은 사람은 경청의 삶이 쉽지 않은 삶이다. 그래서 제1의 꿈을 이루기 위해서 노력하는 과정에 필요한 것이 경청이다. 그러면 사람들이 왜 잘 경청하지 못할까? 첫째는 사람들의 마음이 너무 분주하기 때문이다. 둘째는 다른 사람들의 삶에 별로 관심이 없기 때문이다. 셋째는 사람들과 관계를 이해관계로 인식하는데 익숙하기 때문이다. 이러한 이기적인 생각과 마음을 변혁시켜서 다른 사람의 말과 생각을 잘 경청하는 사람은 제1의 꿈과 제2의 꿈을 이룰 수 있는 아주 좋은 기회가 곧 올 것이다.

함께 꿈꾸고 함께 행복하기

4.
자신의 잘못을
솔직하게 빠르게 인정하라

    이웃과 더불어 살아갈 때 우리는 때때로 갈등을 경험한다. 서로 대화를 주고받는 과정에서도 성급하게 말을 하다 보면 아차 하고 실수하는 말을 하게 된다. 홍자는 어느 날 집에서 저녁을 먹으면서 둘째 아들의 마음을 상하게 하는 말을 하였다. 아빠는 제 마음을 다 몰라요라고 했다. 그때 홍자는 그렇구나 하면서 둘째 아들의 마음에 동감을 해 주어야 하는데 홍자 왈 "너는 H 대 (포항에 있는 기독교 대학)를 2년 다니면서 배운 것이 그러한 생각과 행동이니?" 하면서 하지 말아야 할 말을 했다. 대학 생활을 언급한 홍자의 말에 아들은 아주 흥분을 하였고 그것을 지켜본 셋째 딸도 "아빠가 말을 실수했네요." 하였다. 그래서 홍자는 즉시 아들에게 사과하였다. "아빠가 네 마음을 헤아리지 못하고 대학교 생활까지 언급한 것은 큰 실수이구나. 정말 미안하구나."

하면서 사과를 하였다. 이렇게 홍자가 진솔한 마음으로 사과를 하자 둘째 아들은 곧 불편한 마음을 해소하고 아빠에게 자신도 더욱 조심하겠다고 하였다. 이렇게 대화 도중에 자신의 실수를 인정하기가 정말 쉽지 않다. 실수를 인정한 순간에 대화의 주도권을 상대방에게 넘겨주기 쉽기 때문에 대화 도중에 자신의 실수를 인정하는 것은 참 많은 용기가 필요하다. 대화의 흐름에서 자신이 주도권을 상대방에게 주게 되었다고 해서 그 대화에서 진 것이라고 생각할 필요는 없다. 진솔한 마음과 정직한 생각은 상대방에게 여운을 남기기 때문에 설령 그 대화의 흐름에서 진 것 같지만 사실 승리한 경우가 많다. 사람과 대화에서 진짜로 용기 있는 사람은 자신의 약점을 진솔하게 나눈 사람이다. 그러나 조심할 것은 이렇게 진솔하게 나누면 상대방이 즉시 인정할 것이라는 마음을 가지고 나누면 조금 위험성이 있다. 내가 잘못했다고 시인하는데도 계속 상대방이 그 사실을 가지고 책임을 추궁하면 추궁 당하는 그 사람은 또 감정이 상해서 오히려 잘못을 시인한 것을 후회하면서 더욱 큰 갈등을 일으킬 수가 있다. 그래서 잘못을 시인하고 그 사람이 그 잘못을 받아들이지 않아도 내가 인정한 것으로 끝내면 된다. 잘못을 시인한 후에 논쟁이 심해지지 않도록 특별히 주의를 해야 한다. 제1의 꿈을 이룬 사람들은 자신의 의로움을 증명하려고 애쓰지 않는다. 모든 상황에 대

함께 꿈꾸고 함께 행복하기

해서 항상 감사하려고 노력하며 자신의 연약함과 부족함을 먼저 인정하며 항상 배우려는 태도로 이웃과 소통한다.

5.

힘든 이웃과 가난한 사람을
꼭 도와줘라

　우리는 살아가면서 수많은 정보와 소식을 듣게 된다. 그런데 우리의 시선에 들어오는 사건들과 들려오는 사건들은 분명 무엇인가 메시지가 있는 경우가 많다. 누군가로부터 어려운 이웃의 스토리를 듣게 되거나 뉴스나 신문 기사에서 고아나 과부 등 가난한 사람들의 스토리를 듣게 되면 한 번쯤 생각해 보아야 한다. 왜 나에게 이 소식이 들리게 되었을까? 우리가 누군가를 도울 수 있는 상황에 있다는 것은 큰 축복이며 또 책임감이다. 이 지구상에는 가난이 항상 존재한다. 가난의 문제는 모두 해결할 수 없다. 하나님도 모두 아신다. 그럼에도 불구하고 왜 하나님은 인류에게 가난을 허락하실까? 가난한 그 사람에게는 가난을 통과하면서 자신이 누구인지 정확히 알고 창조주 하나님을 알아가라는 기회이고 가난한 사람을 도울 수 있는 사람에게는 그 사람과 함

　　　　　　　　함께 꿈꾸고 함께 행복하기

께 더불어 살아가라는 것이다.

　미국의 빌 게이츠가 재단법인을 만들어 많은 사람을 돕고 있는데 아주 귀한 일이다. 부자는 반드시 가난한 사람과 함께 살아가야 행복하다. 자신만 부자로 살면서 자신만 편리함을 누리는 사람은 그 누림 후에 항상 허전함이 있을 것이다. 만약 허전함이 없다면 양심과 마음을 점검해 보아야 한다. 하나님이 인간을 만들 때 인간의 생각과 마음속에 하나님의 심장의 DNA를 모두 심겨 놓아서 선한 양심이라는 DNA가 작동되게 되어 있다. 제1의 꿈을 이루어 가는 사람들은 돈을 버는 과정도 선한 양심으로 하고 돈을 사용하는 방법도 이웃을 위해 사용하는 것에 깊은 관심을 두고 사용한다.

제7장

제주에서 계속 진행 중인
흥자의 꿈

홍자의 큰 관심은 제1의 꿈을 이루며 사는 것인데 새로운 마음으로 제1의 꿈에 도전하기 위하여 제주로 이사하게 되었다. 2024년 2월 6일 전라남도 완도항에서 배를 타고 제주항에 도착하여 제주특별자치도 서귀포시 안덕면 감산리에 둥지를 틀게 되었다. 홍자는 육지에서 주중에는 밀알복지재단 경기 지부장 일을 하면서 주말에는 경기도 화성 J 교회의 부탁을 받고 장애인 담당 목회자로서 장애인과 비장애인이 더불어 함께 예배하는 M 공동체를 설립하였다. 홍자는 장애인이 공동체의 변방에 있는 것이 아니라 장애인이 공동체의 중심에 있어야 한다고 생각했다. 장애인과 사회적 약자는 우리에게 축복의 선물이다. 이웃을 섬길 수 있는 기회를 제공해 주는 장애인과 사회적 약자는 우리 대신 장애인이 되고 사회적 약자로 살아가고 있는 것이다. 공동

　함께 꿈꾸고 함께 행복하기

체에 장애인과 사회적 약자가 함께 하는 것은 그 공동체가 상호 돌봄을 경험할 수 있는 아주 좋은 기회이다.

홍자는 J 교회 M 공동체에서 K 청년을 만났다. K 청년은 10대 후반에 서서히 장애가 찾아와서 뇌병변 장애인으로 살아가야 하는 청년이었다. K 청년의 부모님은 멀쩡하던 고등학생 아들이 어느 날부터 점점 경기를 일으키기 시작하고 몸이 꼬이기 시작하는 것을 보면서 도저히 받아들일 수 없었다. 그 부모님의 마음을 헤아릴 수 있는 것은 이 지구상에 없었을 것이다. 그 부모님은 기독교인이었지만 하나님께 기도도 할 수 없는 심정이었다. 아들과 함께 죽고 싶다고 생각만 하던 때에 그 청년의 부모님은 홍자와 만나게 되었다. 홍자는 K 청년의 좋은 친구가 되기 시작했다. 그 청년을 있는 모습 그대로 받아 주고 무슨 이야기이든지 다 들어주며 섬세하게 경청을 했다. 홍자를 만나기 전에 K는 J 교회에서 힘든 청년이었는데-홍자를 만나면서 점점 청년은 자신감을 갖기 시작했다. J 교회 지체들도 그를 받아들이기 시작했다. 홍자는 K 청년 덕분에 J 교회에서 장애인 부서를 설립하는 데 큰 도움을 얻었다. 서로에게 큰 힘이 되었고 믿음이 성장하는 데 서로 도움을 주고받았다. K 청년의 부모님도 이제 서서히 회복되어 자신이 아들을 있는 모습 그대로 받아들이기 시작했고 그 아들이 축복의 통로임을 고백하기 시작했다. 비장애인이 장애인을 돌보는 것 같지만 실상은 서로를 돌보고 있는 것이다.

　홍자는 4년 동안 J 교회에서 행복하게 목회를 잘하고 때가 되어 제주로 오게 되었다. 홍자는 K 청년과 헤어지는 것이 너무 아쉬웠지만 도움이 더 필요한 청년들이 있어서 두 청년과 함께 제주로 향하게 되었다. 홍자가 제주에 오게 된 것은 몇 년 전에 제주 여행 중 우연히 제주신문을 보게 되었는데 제주도가 청년, 청소년 자살률 1위 도시라는 기사를 보게 되었다. 그 때부터 홍자의 마음에 늘 부담이 있었다. 어떻게 하면 제주에 있는 위기 청년과 청소년 그리고 위기 가정을 도울 것인가 고민하다가 제주를 선교지로 생각하게 되면서 J 원형회복센터와 제주 예수원형교회를 설립하게 되었다. 홍자는 J 교회에서 목회를 하면서 만나게 된 두 청년이 있었다. 두 청년은 9, 10살에 엄마와 헤어져야 했다. 엄마가 일상생활에 어려움이 있어 두 아이들을 돌볼 수가 없었다. 두 청년의 아버지는 두 아이를 돌보면서 일을 해야 했다. 결국 두 청년은 중, 고등학교를 어렵게 졸업하고 또래 청년들처럼 일상을 보내기가 어려워 병원에도 입원을 하는 등 도움이 필요한 상태로 지내고 있었다. 홍자는 두 청년의 아버지와 의논하면서 두 청년들을 적극적으로 돌보기 시작했다. 그러

　　　　　　　함께 꿈꾸고 함께 행복하기

던 중 두 청년의 아버지는 홍자가 제주로 간다는 소식을 듣고 제주에서 두 청년을 돌봐 달라고 요청하였다. 홍자와 그 아내는 심각하게 고민을 했지만 그 두 청년에게 건강한 가정을 경험하도록 하면 빨리 회복될 수 있다는 생각에 제주에서 함께 살기로 결정을 했다. 홍자의 아내는 사서교사직을 그만두고 두 청년을 돌보기로 결정을 했다. 홍자가 두 청년과 함께 제주 생활을 준비해 가는 중 그 아버지는 두 가지를 홍자에게 간절하게 부탁을 했다. 첫째는 일상과 신앙생활을 잘하는 것이고 둘째는 스스로 돈을 벌어 보는 직장 생활을 하는 것이었다. 그런데 홍자와 그 아내 그리고 두 청년은 2024년 1월 31일 제주행 비행기와 배편을 준비하고 이사를 준비해 가고 있던 와중에 청천벽력의 사건이 발생했다. 두 청년의 아버지의 공장에 화재가 발생해 그 공장에서 주무시고 계시던 아버지가 화재로 사망하게 되었다. 2024년 1월 20일에 J교회에서 파송식을 하고 1월 31일에 제주에 가기로 했는데 그 두 청년의 아버지가 2024년 1월 27일에 사망을 하게 되었다. 화재로 사망하기 전에 병원에서 홍자를 만난 두 청년의 아버지는 홍자와 그의 큰아들이 참석한 자리에서 음성 녹음으로 유언을 했다. 두 아들을 본인 대신해서 최선을 다해서 돌봐달라고 부탁했다.

홍자는 너무 큰 부담이 되었지만 아버지 대신 두 청년을 돌봐야 한다는 생각밖에 없었다.

홍자는 장례를 잘 치루고 홍자와 그 아내 그리고 두 청년은 2월 6일에 제주에 도착하였다. 드디어 두 청년과 제주도 서귀포시 안덕면 감산리에서 공동생활이 시작되었다. 홍자 부부는 두 청년을 양자로 생각하면서 함께 생활하였다. 홍자 아내는 중학교 사서 교사이었는데 그것을 내려놓고 두 청년을 위해 매일 식사와 빨래 등돌봄을 하였다. 두 청년은 따스한 가정을 처음 경험하였다. 그 두 청년의 아버지가 갑자기 돌아가시면서 마지막 유언이 되어버린 아버지의 부탁내용은 두 청년이 신앙생활 잘하고 스스로 일해서 경제 활동을 하도록 도와 달라는 간절한 부탁이었다. 두 청년은 홍자 부부와 함께 공동생활을 하면서 점점 좋아지기 시작하였다. 두 청년은 친형제이었는데 동생이 먼저 좋은 일자리로 취업을 하게 되었다. 홍자와 함께 몇 군데 회사를 방문하고 일도 조금씩 해 보다가 드디어 서귀포시 대정읍에 있는 회사에 취업하게 되었다. 늘 오후 늦게 일어났던 청년이 아침 7시에 일어나 매일 회사를 다니는 기적이 일어났다. 그 형도 취업이 되어 좋은 회사에서 일하게 되었다. 두 청년들이 이렇게 빨리 회복되어 스스로 경제 활동을 하게 될지 전혀 예상 못 했다. 두 청년들이 직장을 통하여 자신감을 얻게 되더니 육지에 올라가서

함께 꿈꾸고 함께 행복하기

일을 하고 싶다고 하여 두 청년을 다시 육지로 파송하였다. 원래 예상하기로는 3년 정도 함께 살면서 스스로 살아갈 힘이 생기지 않을까? 했는데 이렇게 빨리 육지로 간다고 할지 전혀 예상 못했다. 하지만 홍자는 모든 의사결정을 할 때 상대방이 원하면 일단 응하고 자연스러운 흐름에 맡기려 애쓰면서 그 어떤 것도 고집하지 않고 흘러가는 흐름에 인생을 맡기는 것이 상호돌봄의 원칙에 맞다고 생각했다. 홍자는 두 청년이 힘들어져서 도움이 필요한 상황이 발생하면 항상 도울 준비를 하고 있다. 또 홍자는 J원형회복센터를 통하여 도움이 필요한 사람들을 상담하고 도왔는데 공황장애, 조울증, ADHD, 알콜중독 등으로 일상에 어려움을 겪는 사람들의 친구가 되어서 그들과 눈높이를 맞추며 살아가고 있다. 홍자 곁에 도움이 필요한 사람들이 항상 있다는 것은 홍자가 계속하여 제1의 꿈을 실천하며 살아갈 수 있는 좋은 기회를 제공해 주는 소중한 사람들이다. 홍자의 제주 꿈 여행은 계속되고 있다. 오늘도 홍자는 도움이 필요한 사람들이 어디 있는가? 찾으며 새롭게 만날 사람에 대한 설렘으로 살아간다.

함께 꿈꾸고
함께 행복하기

ⓒ 박홍재, 2025

초판 1쇄 발행 2025년 4월 1일

지은이   박홍재
펴낸이   이기봉
편집   좋은땅 편집팀
펴낸곳   도서출판 좋은땅
주소   서울특별시 마포구 양화로12길 26 지월드빌딩 (서교동 395-7)
전화   02)374-8616~7
팩스   02)374-8614
이메일   gworldbook@naver.com
홈페이지 www.g-world.co.kr

ISBN   979-11-388-4120-7 (03190)

• 가격은 뒤표지에 있습니다.
• 이 책은 저작권법에 의하여 보호를 받는 저작물이므로 무단 전재와 복제를 금합니다.
• 파본은 구입하신 서점에서 교환해 드립니다.